MARIE SÉLÈNE

N'attends plus *pour te* soigner

MARABOUT

Sommaire

J'écris un livre qui est destiné à toutes les personnes qui ne vont pas bien et à leurs proches, indépendamment de leurs pathologies et/ou de leurs soucis.

Garde donc en tête que mes conseils sont généraux, et qu'aucune de mes paroles ne peut se suppléer à un avis médical.

Aussi, même si je fais scrupuleusement attention à ne pas me baser sur de fausses informations, je peux également me tromper ou manquer de nuances à des endroits où tu en aurais besoin.

C'est le risque lorsque l'on écrit un livre généraliste, et que l'on n'est pas dans un dialogue direct avec la personne en souffrance.

Alors aiguise ton esprit critique, même avec moi ;)

Introduction

LA JOIE D'AVOIR UNE ANGINE

Est-ce que tu sais pourquoi, désormais, quand j'ai une angine, je suis presque contente ? Cela t'étonne peut-être, mais si je me réveille avec un mal de gorge et une impression fébrile, la première chose que je fais est d'aller devant le miroir, d'ouvrir la bouche et de faire « aaaa ». Et si je trouve le coupable, un point blanc responsable de l'infection, je sais que tout ira bien. C'est « merveilleux » d'avoir une angine. J'ai de la fièvre, j'appelle mon patron, je lui dis que je ne vais pas pouvoir venir et je file chez le médecin. Il me prescrit un traitement adapté et un arrêt maladie, et il me reste quatre choses à accomplir : aller à la pharmacie, envoyer mon arrêt maladie, prendre mon traitement et me reposer quelques jours. Quand je quitte le cabinet médical, je n'ai pas du tout en tête d'y revenir. C'est vraiment pour cela que c'est merveilleux, une angine.

Quand j'ai une angine, mon employeur peut comprendre mon absence. Ce n'est pas forcément le cas quand j'ai des règles douloureuses. Et pourtant, j'ai déjà eu des fins de cycles plus handicapantes qu'une angine. Je ressens de la compassion quand j'annonce mon angine, la voix cassée. Quand je saigne, en revanche, si j'ose en parler, des yeux se lèvent au ciel. Peut-être que cela ne se dit pas ou que je devrais m'y faire : cela arrive environ chaque mois à toutes les personnes menstruées. Ce n'est pas une raison pour me porter pâle. Mais quand j'ai une angine, quel délice d'entendre : « Oh, ma pauvre Marie, tu as l'air bien amochée… Prends bien soin de toi et reviens-nous en forme. »

Mission réussie pour mon médecin

C'est un peu pareil pour mon médecin. Quand j'entre dans le cabinet et qu'il me demande ce qui m'amène, je sens bien que quand je lui dis que je crois que j'ai une angine, il éprouve une forme de satisfaction. Action, réaction. Il m'ausculte, me dit qu'en effet « c'est bien ça », et machinalement prépare l'ordonnance. Il me demande tout de même s'il y a autre chose, et semble soulagé si je lui dis que non, c'est tout ; excepté le cas où ma seconde requête est une ordonnance de paracétamol ou de Spasfon parce que je n'en ai plus dans le placard. On s'entend : « Pas de problème, Marie, je te fais ça. » Je me dis que mon médecin doit avoir la sensation d'avoir réussi sa mission : il n'y a plus rien à faire, c'est parfait. Il va pouvoir dormir sur ses deux oreilles cette nuit. Je sais bien que si je viens le consulter pour ces fameuses douleurs de règles, il n'aura pas la même sensation du devoir accompli. Alors, quand j'ai une angine, cela fait aussi du bien à mon médecin.

C'est la même chose avec mon conjoint et mes enfants. Quand j'ai une angine, tout le monde est aux petits soins. On me dit de ne pas préparer le repas et les petits font attention à ne pas exagérer sur le volume sonore. Mon conjoint m'apporte des tisanes au miel et je reçois des dessins pour que « maman guérisse vite ». Cela change vraiment des jours de règles douloureuses où l'on prend mon ventre pour un trampoline et où je tourne de l'œil dans la file d'attente du supermarché parce qu'il n'y a plus de papier toilette et que mon conjoint a des choses à faire pour le travail, donc c'est moi qui m'y colle.

Alors vraiment, avoir une angine, c'est un grand bonheur.

Bon, je dois rétablir la vérité : à l'heure où j'écris ce livre, je n'ai pas de patron ni d'enfants. Ce texte, je l'ai inventé. C'est mon métier, j'écris des livres. Et, même si j'ai beaucoup souffert de règles douloureuses, ce n'est plus autant le cas aujourd'hui. Mais avoue que si tu y as cru, c'est parce que c'est parfaitement vraisemblable, non ? C'est ce que l'on fait, nous les écrivain·e·s, on invente des fictions réalistes pour faire avancer le monde. Et souvent, on se base sur ce que l'on connaît. Et crois-moi, je n'ai pas menti en te disant que l'angine avait ses avantages. Parce que des problèmes de santé, j'en ai eu une petite collection. Et ils n'ont pas tous été aussi simples à résoudre qu'une angine.

N'ATTENDS PLUS POUR TE SOIGNER

Mais dans ce livre, on ne va pas vraiment parler des angines et de ce qui guérit avec une consultation et une ordonnance. J'aimerais bien te parler de guérison, mais on va plutôt aborder le rétablissement. Guérir, c'est faire disparaître des symptômes. Se rétablir va au-delà, c'est le fait d'avoir été pris·e en charge justement et de retrouver un équilibre général. C'est accepter son parcours et ses aléas, c'est réaliser que l'on a changé parce que l'on a vécu. Se rétablir, c'est aussi ne plus courir après ce que l'on a connu avant, mais ouvrir à nouveau les yeux sur le temps présent. Et s'y sentir à sa place, vraiment à sa place.

Des douleurs dans le corps ou dans le cœur

Je ne suis pas médecin : je ne vais pas décrypter tes symptômes. Mais si tu as voulu lire ce livre, c'est certainement parce qu'une partie de toi juge qu'il y a quelque chose qui cloche. Peut-être que ce n'est pas la grande forme, que tu as mal (que ce soit un peu, beaucoup ou de manière chronique…). Peut-être que tes symptômes vont et viennent, et que cela est usant. Il se peut aussi que tu viennes d'apprendre que tu es touché·e par une maladie et que tu ne saches pas encore quelle en sera l'issue. Si c'est le cas, tu t'inquiètes sûrement des difficultés que tu vas rencontrer sur ton chemin. C'est aussi possible que ce soit ton moral qui ne soit pas au beau fixe, et que tu ne comprennes pas ce qui t'arrive. Peut-être que tu dors mal, peut-être que tu as des difficultés avec tes proches… Quoi qu'il en soit, la vie te semble sûrement un peu trop compliquée. Reconnaître que ça ne va pas fort, c'est le début d'un parcours dans lequel je vais t'accompagner.

Moi aussi, j'ai été à ta place. Je me suis inquiétée de douleurs, qu'elles soient dans mon corps ou dans mon cœur. Je me suis dit mille fois que l'énergie me manquait. J'ai aussi souvent pesté sur le fait que c'était injuste d'avoir des bâtons dans les roues de la vie. Je ne sais pas ce qui t'amène, si c'est ta santé physique, mentale, ou les deux. Mais je sais que je peux être ton alliée et t'aider à entamer et à traverser un parcours de soins.

Tu as le droit de t'écouter

Si tu ne te sens pas bien, et que ça dure, tu peux changer de cap et devenir le personnage principal de ton parcours de soins : tu mérites mille fois mieux que l'état dans lequel tu es. On ne prouve rien par sa capacité à encaisser et à tenir le coup. Prendre sur soi, c'est une option qui fane avec le temps. Faire semblant, c'est contre-productif sur le long terme, même si tu peux avoir l'impression que ça t'évite des problèmes sur le coup. Alors ouvre les yeux et respire grand. Tu vas aller mieux. Tu vas y arriver.

En prenant la décision de lire cet ouvrage, tu as aussi pris celle de commencer à t'écouter. Peu à peu, tu vas pouvoir prendre en compte tout ce qu'il t'arrive, même s'il est possible que tout cela te fasse peur. Peut-être te dis-tu que tu n'as pas le temps ou pas envie… Peut-être te répètes-tu que ça ira sans pourtant rien n'avoir mis en œuvre pour y parvenir. On va aller voir ensemble de plus près comment tu peux aller mieux, prendre soin de toi et te rétablir.

Sur la route sinueuse du rétablissement

Ce livre, c'est ton « routard du rétablissement ». Je te donne mes recommandations et mes astuces, et aussi les lieux à éviter. Tu vas découvrir mes *tips* pour faire avancer ta quête de bonne santé physique et mentale, mais aussi, et ils sont tout aussi importants, ceux destinés à t'offrir du confort et à augmenter ta qualité de vie. On va s'occuper de ta charge mentale et émotionnelle autour de ce parcours de soins. Je vais t'aider à demander l'aide dont tu as besoin, parce que ton rétablissement ne va pas se faire tout seul. Tu as le droit à une équipe soignante qui va bien s'occuper de toi, en qui tu auras confiance et avec qui tu te sentiras à l'aise. Je vais te donner plein d'astuces pour que tout cela se passe bien, t'éclairer sur les rôles de chacun·e et te permettre d'être bien pris·e en charge.

Ensemble. Ça va aller. Tu peux fièrement revendiquer ton droit au rétablissement. Et puis, tu n'es plus tout·e seul·e, je suis là. Je connais ce combat comme ma poche, avec ses pièges, ses embûches, ses oasis et ses victoires. Je vais t'accompagner. Ça ne va pas être forcément drôle, même si je vais tout faire pour te faire rire le plus souvent possible. S'engager dans un parcours de soins à la recherche d'un diagnostic et/ou d'un rétablissement, c'est un *escape game* sans *timer*, une série Netflix avec beaucoup de saisons, un Koh Lanta sans la *fame*. Mais tu le fais pour toi. Parce que tu en vaux la peine. Parce que souffrir, à part créer des écrivain·e·s qui savent de quoi ils·elles parlent, ça ne sert pas à grand-chose.

Pour une vie plus douce

Si je n'ai plus de douleurs de règles comme avant, c'est parce qu'il y avait une raison médicale. Et je suis très heureuse de m'être investie dans mon parcours de soins jusqu'à l'obtention du diagnostic et la réussite d'un traitement. Mais la santé, ce n'est pas qu'une histoire de symptômes physiques. J'ai traversé des problèmes de santé mentale, et je n'ai pas honte de t'en parler. Il est nécessaire de communiquer à ce sujet pour faire changer les mentalités, et nous sommes nombreux·ses à être rétabli·e·s et à prendre la parole pour soutenir ceux·celles qui souffrent encore. J'ai été touchée par un état de stress post-traumatique, j'en suis désormais rétablie : c'est possible. Aussi, en apprenant, même tardivement, que beaucoup de mes difficultés étaient liées à un trouble du spectre de l'autisme, j'ai pu réinventer mon quotidien pour que la vie soit douce et le bonheur tangible en ayant le bon mode d'emploi.

Crois-moi, je m'y connais en fausse route, en panique, en besoin de réassurance et de clarté. Et je suis soulagée de pouvoir relire mon histoire en compagnie de toutes ces explications, et d'avancer avec de l'aide efficace, pertinente et précieuse. Se rétablir, c'est plus qu'un doux bonheur. C'est gagner en solidité et en conscience. C'est se continuer et devenir.

Tu es là pour toi, et tu vas devenir ton·ta meilleur·e allié·e. Ce livre peut être le soutien dont, un jour prochain, tu n'auras plus besoin pour avancer.

Aux aidant·e·s

Peut-être ne lisez-vous pas ce livre parce que vous n'allez pas bien, mais plutôt parce qu'une personne que vous aimez souffre et que vous vous sentez démuni·e. En premier lieu, je vous remercie de souhaiter devenir un·e allié·e. C'est précieux. La personne que vous désirez soutenir ne s'en rend peut-être pas encore compte, mais c'est merveilleux qu'elle ait autour d'elle quelqu'un qui essaie de la comprendre et de lui apporter une aide adéquate. Être un·e allié·e, c'est accueillir l'autre comme il·elle est, s'informer pour être plus efficace, apprendre à éviter les maladresses, mais aussi, et peut-être surtout : ne pas offrir de l'aide pour obtenir un merci, des lauriers ou l'assurance d'être épaulé·e en retour. Je ne vais pas vous mentir, aider demande beaucoup d'altruisme, et certain·e·s peuvent trouver ça ingrat. Moi, je trouve ça drôlement beau. C'est de l'amour à l'état pur.

Au moment où j'écris ces lignes, je sais déjà qu'il y aura des instants où j'aurai envie de rire aux éclats sur mon canapé en regardant un film plutôt que de travailler sur ce livre. Vous aussi, ça va certainement vous arriver… Il y aura des jours où vous aiderez votre proche au lieu de passer un moment de détente et de légèreté, et parfois à regret : on est humain·e. Mais je crois que l'on partage un point commun : on a très envie, vous comme moi, que les personnes qui n'y parviennent pas encore se rétablissent, et puissent partager avec nous les petites et les grandes joies de la vie.

Alors on prend un temps, moi avec mes séances d'accompagnement ou en écrivant ce livre, et vous à votre pause-café pour envoyer un petit message à cette personne pour qui vous vous inquiétez parfois un peu trop à votre goût. Un message qui dirait simplement quelque chose comme : « Je pense à toi, et je te souhaite sincèrement d'aller mieux. N'hésite pas à me le dire si je peux t'aider d'une manière ou d'une autre. » Vous pouvez ajouter un gif de chaton, en général, ça donne un peu de douceur. Quoi qu'il en soit, tout au long de ce livre, il y aura aussi ces passages qui vous seront destinés. Merci encore d'être là. Votre proche, dans son tourment, oubliera peut-être de vous le dire : moi non. Je sers aussi à cela. Alors merci.

JE SUIS PAIR-AIDANTE EN RÉTABLISSEMENT

La pair-aidance, tu n'en as peut-être jamais entendu parler. Et pourtant, tu l'as sûrement déjà désirée les jours où tu t'es senti·e au fond du seau et où tu aurais aimé avoir quelqu'un à qui te confier. Les pair-aidant·e·s en rétablissement sont des patient·e·s rétabli·e·s qui participent au parcours de soins de ceux·celles qui sont en train d'affronter les problématiques de santé qu'ils·elles ont eux·elles-mêmes traversées. Ce n'est pas encore très connu, mais c'est un système qui se développe peu à peu et qui fait ses preuves. C'est un maillon qui solidifie la chaîne de soin de bien des manières. À la différence de Sylvie qui te raconte à la machine à café qu'elle a connu aussi des troubles du sommeil et te somme d'essayer sa marque préférée de compléments alimentaires qui ont tout arrangé (alors que tu ne lui as rien demandé), le·la pair-aidant·e est formé·e et supervisé·e par des professionnel·le·s de santé pour avoir une posture fiable dans la relation d'aide.

Offrir un dialogue précieux

Quand j'ai découvert la pair-aidance, j'ai tout de suite eu envie d'y participer. Les patient·e·s rétabli·e·s peuvent remplir un besoin fréquemment revendiqué par les personnes en souffrance : celui d'être écoutées. Lorsque j'ai enquêté auprès de personnes étant sorties d'errances médicales, elles m'ont toutes, sans exception, parlé de cette place d'écoute qui n'était pas suffisante. Le·la pair-aidant·e peut offrir ce dialogue nécessaire, de confiance et de réassurance, que les professionnel·le·s de santé n'ont pas toujours le temps de proposer. Il·elle donne aussi de l'espoir, car il·elle incarne le rétablissement comme une issue concrète et tisse un fil d'Ariane pour te guider dans le labyrinthe que tu traverses.

J'aime aussi dire que le·la pair-aidant·e est un antidote aux recherches sauvages sur Google ou Doctissimo, qui déclenchent bien davantage de stress et d'appréhension que de soulagement. Puisqu'il·elle est passé·e par là, il·elle saura répondre à tes questions, même celles que tu juges être les plus anecdotiques ou que tu n'oserais pas poser à ton médecin par peur de passer pour un·e idiot·e. Il·elle peut aussi t'aider dans tes médiations avec les professionnel·le·s de santé, ta communication avec tes proches, et même dialoguer avec ton employeur·se ou tes collègues pour répondre à leurs questions quand ta situation requiert des aménagements de travail. En fait, il y a encore tout à inventer sur les possibilités de l'alliance avec un·e pair-aidant·e. On n'en est qu'au début, et j'espère que, peu à peu, la pair-aidance sera aussi une possibilité de voix solide et articulée pour faire entendre la tienne.

Je suis donc pair-aidante en rétablissement, et c'est depuis cette posture que je t'écris, que je t'accueille, que je te parle. Mon rôle est de soutenir les autres dans les domaines que j'ai moi-même traversés. Cela en est presque amusant que mes difficultés soient devenues mon curriculum vitæ… Le·la pair-aidant·e peut être ta béquille, il·elle est là pour ça aussi. Et une béquille, c'est très pratique pour avancer quand on a du mal à tenir debout tout·toute seul·e.

Aux aidant·e·s

N'hésitez pas à vous rapprocher des services hospitaliers de votre région pour demander s'il existe un soutien en pair-aidance. Vous pouvez également faire des recherches Google en associant le mot « pair-aidant » avec le numéro de votre département. Cela peut vraiment vous aider de discuter avec un·e patient·e rétabli·e du trouble que traverse votre proche, notamment pour mieux le comprendre. N'hésitez pas toutefois à demander quelques garanties : vous pouvez vous renseigner pour savoir si le·la pair-aidant·e a été formé·e et/ou s'il·elle est engagé·e dans une association.

Une compétence qui s'acquiert

La pair-aidance, ça s'apprend. Les initiatives de formation se multiplient actuellement, et c'est vraiment très important. Une expérience seule ne suffit pas, il s'agit aussi d'apprendre une posture et de voir un peu plus grand que son prisme à soi. Aussi, les professionnel·le·s de santé référent·e·s qui forment des pair-aidant·e·s assurent une solidité de l'apprentissage du monde de la santé et de ses codes, d'une déontologie indispensable à la relation d'aide. Et au-delà de protéger le suivi du·de la patient·e, ces formations permettent également de s'assurer que l'on est dans les bonnes dispositions pour devenir pair-aidant·e. Ce qui est une voie salutaire pour certain·e·s ne l'est pas forcément pour d'autres. Aider et écouter, ça commence toujours par soi-même. En revanche, il y a encore énormément à faire pour que la pair-aidance trouve sa place dans les institutions. Actuellement, en France, on réserve des emplois à quelques chanceux·ses, assignant les autres à du bénévolat. Et ce qui me fait le plus mal au cœur, c'est que les formations universitaires ne sont pas accessibles aux pair-aidant·e·s qui n'ont pas le baccalauréat… On a hâte que les choses changent !

CHAPITRE 1

~~HEY SALUT,~~ ~~TU VAS BIEN ?~~

Comment tu vas, vraiment?

Tu me racontes comment tu te sens ?

Je ne suis pas de ta famille. Je ne fais pas partie de ton entourage amical. Je ne suis pas non plus médecin ni professionnelle de santé. Non, en ce moment même, je suis simplement une femme avec qui tu n'as pas de lien et qui te demande comment tu vas. Imagine que nous sommes voisin·e·s de sièges dans un TGV et qu'il y a une panne, que l'on ne se reverra sûrement plus jamais, mais que nous avons du temps à tuer : alors autant discuter. Avec moi, tu peux être honnête. Pas besoin de porter un masque ni de répondre en fonction de ce que j'attends de toi : je n'attends rien, nous ne nous connaissons pas. Par simple gentillesse et main tendue, lorsque j'ai vu ton regard qui partait dans le vide, je t'ai demandé si tu allais bien.

TU AS LE DROIT DE VIDER TON SAC

Lorsque l'on traverse une phase difficile, on aimerait beaucoup lâcher le poids, parfois lourd, qui se trouve sur nos épaules. Si seulement on pouvait se laisser porter et ne plus devoir tenir, encore et encore. Mais il est difficile de trouver de la place pour ce relâchement, car on sent aussi qu'il va falloir se battre pour remonter la pente. Et que pour cela, on va devoir adopter tout un tas de stratégies qui semblent aller à contre-courant de nos besoins.

Tu ne vois pas de quoi je parle ? Eh bien, je parle d'Aurore qui liste tous ses symptômes sur un papier, la main tremblante, priant pour être prise au sérieux par son médecin comme si elle devait faire un plaidoyer convaincant pour être entendue. Je parle de Sofia qui serre les dents quand elle souffre au travail plutôt que d'en parler à son supérieur parce qu'elle craint de perdre son emploi s'il connaissait ses difficultés. Je parle de Bénédicte qui, dans l'attente d'un procès à la suite de sa plainte pour violences conjugales, culpabilise à chaque fois qu'elle se sent un peu mieux parce qu'elle a peur que le juge pense que ce qui lui est arrivé n'était pas si grave. Je pense aussi à Jonathan qui cache à son partenaire qu'il s'est enfilé trois paquets de gâteaux en ruminant ses angoisses et qui préfère lui dire qu'il a dû choper une gastro pour justifier qu'il n'ait pas faim quand arrive l'heure de dîner, parce qu'il craint d'être jugé, voire quitté.

Oui, on met en place des stratégies, des moyens d'avoir gain de cause ou de se protéger. Il n'y a souvent que les personnes qui les ont elles-mêmes vécues qui sont capables de comprendre la nécessité de ces stratégies, comme beaucoup d'autres aléas que rencontrent les personnes en phase de vie difficile. Je suis l'une de ces personnes, et c'est pour ça que tu peux tout me dire : je ne te jugerai pas.

RÉPONDRE À LA QUESTION « COMMENT VAS-TU ? » N'EST PAS SI FACILE

Aller bien, c'est un concept très subjectif. Cela dépend beaucoup de nos attentes, et de ce que l'on imagine derrière la bonne santé physique et psychique. Notre tonton Jean-Maurice intérieur aura peut-être tendance à nous dire « ça va, y'a pire que toi quand même, y'a des gamins qui meurent de faim en Afrique ». Et puisque dans l'absolu ce n'est pas faux, on a tendance à mettre nos problèmes sous cloche. Mais relativiser, ça peut coûter cher en matière de santé. Attendre pour investiguer notre état de santé, c'est prendre le risque que ça dégénère. Alors, comment savoir quand prendre notre état au sérieux ?

En général, quand notre santé physique et psychique est au beau fixe :

➜ On se sent plutôt heureux·se

Ce n'est pas simple de regarder en face l'état de sa santé mentale. Si lorsque tu te poses la question « est-ce que je me sens heureux·se ? », dans le silence de ton cocon, sans personne pour te juger, tu penses que la balance penche vers la réponse « non »... je crois que c'est vraiment indispensable que tu te rendes compte qu'il doit y avoir une souffrance à prendre en charge, et que tu peux être aidé·e. Parfois, on identifie très facilement ce qui nous prive d'un épanouissement : une situation précaire ou un deuil en cours, par exemple. Ce n'est pas pour autant que l'on n'a pas besoin de soutien pour traverser tout ça. Les périodes difficiles nous demandent des ressources en énergie et en force mentale à un moment où l'on en a le moins. C'est légitime de chercher de l'aide.

Aussi, si tu n'as aucune idée de pourquoi tu te sens malheureux·se, et aucune idée de ce qui pourrait améliorer tes ressentis, c'est d'autant plus important que tu consultes au plus vite un·e professionnel·le de santé. En effet, la santé psychique fait partie de la santé tout court. Aller bien, ce n'est pas uniquement ne pas ressentir de symptômes physiques, c'est aussi accéder de manière régulière au sentiment de joie. Carl Rogers[1] le définit comme se sentir en équilibre entre pensées, actes et paroles. Alors, si tu te

1. Psychologue américain dont le travail est considéré comme fondateur de l'approche humaniste en psychothérapie.

sens au fond du seau : tu es légitime à dire « là, ça ne va pas, il faut faire quelque chose ». Aussi, sache que lorsque l'on a des idées noires et/ou des pensées suicidaires, c'est considéré comme une urgence médicale.

LE TÉMOIGNAGE D'AUDE, RESCAPÉE DE PENSÉES SUICIDAIRES

« Il existe un numéro gratuit en France où l'on peut contacter des professionnel·le·s du soin 24 heures/24 et 7 jours/7 si l'on est en détresse, que l'on a des pensées suicidaires ou que l'on souhaite aider quelqu'un qui en a. C'est le 3114. J'ai appelé ce numéro quand j'étais au plus mal après une rupture qui m'a fragilisée, et ça m'a fait beaucoup de bien. Lors d'une nouvelle crise quelques mois plus tard, j'ai rappelé au milieu de la nuit pour éviter de me faire du mal. Je me remercie encore d'avoir eu ce réflexe. Quelle n'a pas été ma surprise quand on m'a alors parlé de mon métier dans les arts scéniques, qui est une véritable passion pour moi, et que j'avais évoqué à mon premier appel ! Je ne sais pas si c'était la même personne que j'ai eue au téléphone, mais c'était fou, je me suis sentie suivie et protégée… Ils gardent sûrement des notes, scellées par la confidentialité, mais c'est vraiment rassurant quand on appelle en détresse ! ».

→ On a un bon sommeil

Le sommeil est d'une importance cruciale pour le bien-être. Dormir aide à récupérer de l'énergie, mais pas seulement ! Toute une machinerie intérieure s'active lorsque l'on dort pour que notre corps, notre cerveau, notre métabolisme soient fonctionnels. C'est un élément clef pour notre santé physique et mentale.

De nombreux éléments peuvent causer des troubles du sommeil : certains sont des problèmes physiologiques comme de l'apnée du sommeil, d'autres sont davantage liés au stress, au surmenage, à des soucis de santé mentale... Ou parfois, il s'agit simplement d'éléments contextuels qui peuvent toutefois influencer très fortement nos vies en déclenchant un mauvais sommeil : la consommation excessive de café, le temps d'écran qui empêche de trouver le sommeil, ou encore bêtement un chauffage allumé trop fort qui nous déshydrate et pourrit notre vitalité pour rien.

Quoi qu'il en soit, si l'on a des problèmes de sommeil, c'est important d'en trouver la cause, et le·la premier·ère interlocuteur·rice à privilégier, ce n'est pas Sylvie de la machine à café, mais ton médecin généraliste.

➜ On sent que notre corps fonctionne bien

Que les choses soient claires : avoir mal, ce n'est pas normal. Il y a des douleurs qui sont à prendre en charge très rapidement, comme les brûlures en urinant (consulte ton généraliste au plus vite, pour éviter le risque qu'une infection se propage dans les reins et devienne dangereuse), ou encore une suspicion de fracture après une chute (un vrai motif pour aller engorger les urgences sans culpabiliser !).

Mais il y a aussi toutes les douleurs chroniques qui paralysent ou gênent un temps pour disparaître un peu plus tard... tout en revenant sans cesse. Et celles-ci sont les plus pernicieuses : on peut presque s'y habituer et les considérer comme une croix à porter. Non, ce n'est pas acceptable d'avoir des douleurs de règles handicapantes quelques jours par mois. Non, ce n'est pas acceptable de vomir de temps en temps à cause d'une migraine. Non, ce n'est pas acceptable d'avoir mal pendant les rapports. Non, ce n'est pas acceptable d'avoir des douleurs et maux chroniques, peu importe leur nature. Si c'est ton cas, tu es en droit de demander de l'aide à ton médecin.

➔ On a de l'énergie

Lorsque se lever du canapé est un effort, c'est que l'on est probablement épuisé·e. Là encore, la cause d'une lourde fatigue peut être multiple. Mais jouer avec sa santé, c'est dangereux, notamment quand on prend le volant alors que l'on est éreinté·e (ou quand on traverse la rue à pied sans être assez alerte). Là encore, c'est ton médecin qui saura s'il est nécessaire de faire des investigations médicales après une discussion pour comprendre la réalité de ton quotidien du moment. Peut-être qu'il faudra s'intéresser à l'état de ta santé mentale, ou encore, te prescrire du repos (je te comprends, jeune maman qui part bosser après des nuits à surveiller un enfant malade, et je te comprends aussi, toi qui aimerais bien être cette maman et qui est au bout du rouleau et des injections d'hormones en plein parcours de PMA...). Parfois, au lieu de se dire « allez, je me bouge, faut que ça cesse », on pourrait déjà commencer par regarder en face cet état de fatigue et prendre des dispositions, parce que la pensée positive ne réglera aucune cause organique et pourrait même avoir l'effet opposé : celui de te mettre sous pression.

➔ On a une bonne gestion du stress

C'est un secret qui peut paraître bien gardé, mais les personnes en bonne santé ne sont pas immunisées contre le stress. Les aléas de la vie touchent tout le monde. Ce qui différencie quelqu'un qui est en bonne forme et quelqu'un qui tire sur le fil, c'est sa capacité à accueillir et à gérer ce stress. L'expression « c'est la goutte d'eau qui fait déborder le vase » l'exprime plutôt bien : quand on doit composer avec tout un tas de complications (fatigue, douleurs, etc.) et qu'il arrive un couac dans notre journée, on se sent bien davantage submergé·e. On peut apprendre à écouter ses colères, sa sensibilité, sa propension à paniquer ou à avoir envie de pleurer : parfois, c'est juste que c'est trop à gérer. Le savoir, ça aide déjà beaucoup à prendre du recul et à s'occuper en priorité de gérer ses émotions débordantes plutôt que la charge mentale des autres. Nos limites évoluent selon notre état, et on peut apprendre à les respecter avec flexibilité. La solution est avant tout d'aller s'occuper de la source de notre mal-être, quel qu'il soit, plutôt que de tout miser sur le fait de devenir un maître zen.

➜ On a des relations épanouissantes

C'est un volet essentiel du bien-être, car nous sommes des êtres sociaux avec des projets communs. C'est impossible de vivre sans les autres. On peut voir nos relations se dégrader quand on traverse des phases difficiles (lire le chapitre 3, consacré à la sphère relationnelle), mais parfois, il arrive que ce soit une relation qui nous met à mal. Oui, des relations peuvent affecter notre bien-être. On ne compte plus les affaires de harcèlement, de violences conjugales. Et si le concept de « pervers narcissique » ou de « relation toxique » fait couler autant d'encre, c'est bien parce que des relations peuvent faire souffrir, à en perdre l'appétit, le sommeil, l'estime de soi… et/ou la santé. C'est un motif tout à fait légitime pour demander de l'aide, et ce sont plutôt les psychologues qui seront à même de prendre en charge ce volet.

MA RECO

On trouve à profusion sur Internet des contenus sur les relations toxiques… Ils ne sont pas tous recommandables ! Je te conseille le livre de Randa Ben Romdhane, *Relations toxiques, comment reconnaître et éviter les relations d'emprise* (Mardaga, 2022), qui s'inspire des outils pratiques des thérapies cognitives et comportementales.

Aux aidant·e·s

Pensez à observer ces dynamiques chez votre proche pour qui vous vous faites du souci, et à agir si vous voyez que les choses se dégradent. Vous pouvez lui faire part de votre inquiétude, à condition d'utiliser quelques règles :

- Si vous souhaitez avoir une discussion, dites-le-lui : plutôt que d'imposer la conversation, demandez à votre proche de vous dire quand il·elle pourra prendre le temps de discuter à un moment qui lui sera adéquat. Cela permet d'être dans les meilleures conditions et de respecter son consentement.

- Ayez conscience que des phrases comme « tu m'inquiètes », « je me ronge les sangs pour toi », « tu me fais peur » sont culpabilisantes et peuvent donner l'impression que c'est votre proche qui vous rend mal, et non pas son mal-être à lui.

- Ne donnez pas de conseils non sollicités (lire page 144).

- Aidez votre proche à ouvrir les yeux sur son mal-être en lui citant des faits (par exemple : « Tu prends des antidouleurs pour aller travailler, tu n'as pas à souffrir comme ça » ou encore « je t'ai vu·e pleurer trois fois cette semaine, tu as le droit d'être soulagé·e de ta peine »).

- Votre but premier, c'est de montrer que vous ne jugez pas, que vous êtes à l'écoute, présent·e, que vous avez confiance en votre proche, que vous l'aimez et que vous êtes et serez là pour lui·elle.

N'hésite pas à checker ton état de santé physique et psychique régulièrement. Et quand les soucis durent, il est toujours préférable de demander conseil à un·e professionnel·le de santé.

Les signaux d'alerte, quand il ne faut pas attendre un jour de plus pour consulter, sont :

- **si tu as des idées noires, des pensées morbides,**
- **si tu es dans un état de tristesse intense depuis au moins deux semaines,**
- **si tu souffres physiquement,**
- **si tu subis des violences physiques ou psychologiques,**
- **si tu te fais du mal,**
- **si tu te sens instable et que tu ressens une colère qui semble inadaptée,**
- **si tu n'as pas le moral depuis plus de deux semaines après ton accouchement,**
- **si tu vas mal depuis que tu as eu un choc ou un traumatisme, direct ou indirect, et que cela dure plus de quatre semaines.**

Ton médecin généraliste peut être ton·ta premier·ère interlocuteur·rice si c'est plus facile pour toi. Et s'il·elle ne te prend pas au sérieux, n'abandonne surtout pas ta requête : tu as besoin d'aide sans attendre, c'est maintenant qu'il faut agir pour que ta prise en charge soit le plus efficace possible, et ton rétablissement le plus rapide.

Comment fait-on pour aller bien dans un monde aussi pourri ?

Il peut arriver que notre santé mentale soit touchée par les actualités, qui peuvent être très anxiogènes. On peut être fragilisé·e par des nouvelles que l'on apprend sur un sujet qui nous touche particulièrement, en lien avec nos valeurs, nos identités, nos modes de vie. On peut avoir de grandes difficultés à se détacher émotionnellement lorsque quelque chose nous tient à cœur.

Il y a eu bon nombre d'événements ces dernières années qui sont devenus des sources d'anxiété : les attentats terroristes, la pandémie mondiale, une guerre qui s'installe aux portes de l'Europe… sans oublier le réchauffement climatique. On parle même souvent d'éco-anxiété, même si ce n'est pas à ce jour une pathologie psychique reconnue. En effet, cette préoccupation est davantage d'ordre politique : la pathologiser poserait question. Cela reste toutefois une souffrance pour ceux·celles qui en sont touché·e·s. Nos sources d'informations sont désormais accessibles et immédiates, souvent trop présentes. Aussi, les fausses informations, volontiers angoissantes, peinent à être régulées. C'est ainsi que les théories du complot[2] ont grandi, tissant un nid à la peur et à la colère… mais aussi à l'isolement, en nous séparant les uns des autres.

---

2. Si tu souhaites en savoir davantage sur le complotisme, je te conseille d'écouter le podcast Méta de Choc, #Shocking24, *Complotisme, si loin, si proche*, avec Marie Peltier, historienne spécialiste du sujet.

Mais ce n'est pas parce que le monde actuel peut nous paraître angoissant que l'on n'a pas de levier pour agir sur cette anxiété. Je te propose ceux-ci :

- Privilégier de bonnes sources d'informations, fiables, sans *bullshit* et n'ayant pas un discours angoissant ou catastrophiste. Si tu souhaites absolument te renseigner sur le réchauffement climatique et ne pas éviter le sujet, je te conseille les livres de François Gemenne, notamment *L'écologie n'est pas un consensus* (Fayard, 2022). Il l'est l'un des auteurs principaux du GIEC et spécialiste dans les questions de géopolitique de l'environnement et des migrations (et en plus, il est franchement sympathique, tout en restant très pragmatique).
- Ne pas activer les notifications des news que tu pourrais recevoir, mais aller consulter les actualités quand et si tu le veux.
- S'il y a une actualité angoissante en train de se dérouler, toujours éviter d'écouter les chaînes d'information en continu.
- T'abonner à des comptes qui te font vraiment du bien sur les réseaux sociaux, et te désabonner des autres.
- Te faire accompagner pour diminuer ton anxiété, elle peut avoir d'autres sources que les actualités et être (sur) activée au contact de celles-ci.

MA RECO

Certaines personnes choisissent de s'engager dans une cause qui leur tient à cœur, notamment afin de transformer cette anxiété du monde actuel en carburant pour agir ! Si tu penses que cela peut te faire du bien, et que tu cherches comment vivre, travailler et t'engager pour un monde meilleur, je te conseille la lecture du *Guide des Paumé·e·s*, écrit par le collectif Make Sense (Marabout, 2021). C'est le livre à lire quand on a envie de tout plaquer !

DEVOIR RESTER POSITIF·VE EST PARFOIS PLOMBANT, GARDER ESPOIR EST MILLE FOIS PLUS EFFICACE !

On nous dit souvent de regarder le verre à moitié plein et non pas à moitié vide, mais ce n'est pas si facile. Quand on ne va pas bien, les jolies choses perdent de leur éclat et on peut avoir plus de mal à les remarquer. Alors avouons-le, quand un·e proche nous dit « allez, allez, regarde le bon côté des choses… », on a parfois du mal à s'y résoudre. Il faut dire que, lorsque l'on passe la journée à prendre sur soi au travail, avec les enfants, etc., le moment où un·e proche cherche à nous aider en nous disant de positiver est souvent un moment où, en réalité, on aimerait craquer, vider son sac, se plaindre, évacuer les pensées lugubres qu'on a repoussées, et non pas, encore, faire un effort d'optimisme. Quand on est au plus bas, on mériterait déjà une médaille de la personne positive rien que pour avoir réussi à se lever le matin !

Positiver, c'est évidemment utile, mais ça ne se fait pas n'importe comment. Si se mettre à la pensée positive est notre seule stratégie, elle s'approche davantage du déni que d'une technique thérapeutique. C'est important de regarder les choses en face : si ça ne va pas, ça ne va pas, il faut en faire le constat. C'est seulement sur cette base que l'on pourra avoir de l'aide et avancer dans notre quête de solutions. Se répéter des affirmations positives devant la glace, c'est une béquille, un moyen de gagner temporairement en confiance en soi. Certain·e·s disent que ça permet de se mettre dans un bon état d'esprit. Ces conseils ne sont pas très pertinents quand on a des soucis de santé mentale et qu'on n'a pas de stratégie de rétablissement établie.

Accepter que « ça ne va pas »

Pire encore, c'est comme se répéter « je n'ai pas mal » alors qu'on vient de se fracturer l'épaule : ça ne fait que repousser le problème et tester notre sang-froid. Face aux stress, nous avons tendance à lutter ou à fuir, car l'acceptation n'est pas toujours aisée. La pensée positive peut renforcer ces comportements qui favorisent peu à peu le développement de l'anxiété. En effet, penser « je ne veux que du positif dans ma vie » est une fuite, ou « je vais aller bien » est une lutte. N'oublie pas que ni tes proches ni les auteur·rice·s de livres de développement personnel ne sont réellement qualifié·e·s pour te prodiguer des conseils thérapeutiques fiables afin de t'aider dans ta situation spécifique. Accompagner une personne en souffrance, c'est un métier. Alors que faut-il pour positiver sans être dans l'illusion ? Prendre soin de l'espoir : il est un allié bien plus fiable qu'une positivité toxique !

Prenons l'exemple d'un rendez-vous médical auquel tu te rends parce que tu as besoin d'aide. La veille, il se peut que tu sois stressé·e à l'idée de t'y rendre, parce que tu as peur que cela ne se passe pas bien ou que tu ne reçoives pas l'aide attendue. Et si tu appréhendes, ce n'est pas pour rien : on sait bien que ça peut arriver de repartir bredouille d'un cabinet médical. Si tu te répètes « tout va bien se passer » en te forçant à être positif·ve à tout prix, tu prends le risque de tomber de haut. Ce que je te conseille de faire, c'est plutôt de nourrir l'espoir que ton rétablissement est possible, et de ne pas laisser les déceptions attaquer cet optimisme. C'est un peu comme chercher à acquérir un nouveau pantalon : tu vas peut-être en essayer plusieurs, mais tu finiras bien par trouver le bon. Il y aura peut-être des médecins qui te feront l'effet d'un pantalon trop serré ou vraiment pas confortable… Mais garder espoir te permet de ne pas oublier qu'un pantalon (ou un médecin) qui convient existe !

Si acquérir cet état d'esprit est compliqué pour toi, sache que l'acceptation est l'une des choses que tu peux apprendre en consultant un psychologue : il existe des thérapies dites ACT, d'acceptation et d'engagement. Elles sont pratiquées dans le courant des thérapies cognitives et comportementales, et sont très efficaces.

On fait souvent l'amalgame entre un positivisme aveugle et un optimisme réaliste, alors que ce n'est pas la même chose. L'espoir, c'est la merveille qui va te permettre d'aller au bout de ton parcours jusqu'au rétablissement, c'est vraiment essentiel de consacrer une part de ton énergie à l'entretenir.

C'est d'ailleurs l'un des rôles du·de la pair-aidant·e que d'amener de l'espoir. En tant que patient·e rétabli·e, on te montre que c'est possible. Cette perspective peut améliorer considérablement la réussite de ton parcours vers le rétablissement !

ES-TU TOUCHÉ·E PAR LE « *WHY TRY EFFECT* », TE DEMANDES-TU « À QUOI BON AGIR ? »

Des chercheurs se sont penchés sur ce qui pouvait faire baisser les bras des personnes en souffrance, ils ont appelé cela le « *why try effect* ». Tu sais, ce moment où tu ne trouves plus d'énergie pour agir et où tu te dis « à quoi bon essayer ? Ça ne mène à rien... ». Une étude[3] nous apprend que ce phénomène est déclenché par la stigmatisation que subissent les personnes qui traversent des périodes difficiles : plus on a de préjugés, moins on va croire à son propre rétablissement.

---

3. Corrigan, P. W., Larson, J. E., & Rüsch, N. (2009). « Self-stigma and the "why try" effect: impact on life goals and evidence-based practices ». *World psychiatry, Official journal of the World Psychiatric Association (WPA)*, 8 (2), 75-81. Doi : 10.1002/j.2051-5545. 2009. tb 00218. x

En effet, tu n'es pas sans savoir que les troubles mentaux sont loin d'avoir une haute cote de popularité. Beaucoup de personnes les jugent et assènent que les malades sont des personnes qui « se laissent aller », « ne savent pas se prendre en charge », bref, que ça serait de leur faute. Il y a donc une stigmatisation très forte dans notre société. On peut aussi l'envisager sur d'autres difficultés que la santé mentale, comme le chômage, le fait de ne pas parvenir à faire durer une relation, ou encore le fait d'être souvent malade ou d'avoir des troubles physiques invisibles.

À cette stigmatisation s'ajoute un autre phénomène : celui de l'auto-stigmatisation. Puisque l'on baigne dans ce genre de remarques, de préjugés, de jugements, on finit par en être imprégné·e et par développer une culpabilité paralysante. Or, lorsque l'on a une endométriose, un trouble bipolaire, ou encore que l'on a subi des violences, ce n'est jamais de notre faute. Et pourtant cette auto-stigmatisation va peu à peu nous amener à le penser et à stagner en se demandant « à quoi bon ? » : tout cela nous éloigne drastiquement du rétablissement et augmente les risques d'aggravation des symptômes et de rechutes futures.

Je suis devenue pair-aidante en particulier pour enrayer cette mécanique du « *why try effect* » ! Être une patiente rétablie qui ne se cache pas, qui en parle, n'en a pas honte et montre que l'on peut vivre une vie sereine et heureuse, c'est utile. C'est efficace non seulement pour les personnes en souffrance qui peuvent s'inspirer d'un autre modèle que celui des préjugés, mais aussi pour lutter contre les stigmatisations colportées par d'autres personnes. Non, tonton Jean-Maurice, les personnes ayant des troubles mentaux ne sont vraiment pas toutes comme tu l'imagines !

ET SI, AU LIEU DE REGARDER LE VERRE D'EAU À MOITIÉ PLEIN, TU LE BUVAIS ?[4]

Percevoir les choses de manière positive est bien moins efficace que de goûter aux choses positives ! Quand on ne va pas bien, on serait bien inspiré·e de tenter de faire remonter nos jauges en nous donnant du kiff. Se faire plaisir, cela n'arrangera pas le fond du problème, mais cela va nous aider à tenir le coup et à nous équilibrer. Dans son livre *3 kifs par jour*, Florence Servan-Schreiber nous invite à noter trois moments agréables que nous avons vécus durant la journée. Contrairement aux affirmations positives ou à la méthode Coué, cela se base sur du vécu et non sur des projections, et ça a beaucoup plus d'effet ! Je t'invite aussi à jeter un œil à un autre de ses livres, *Power Patate*, où elle t'amène à t'observer sous un angle valorisant, ce qui ne peut vraiment pas faire de mal dans ces moments difficiles.

Des livres de développement personnel, il en existe de très bien. Il faut juste veiller à ne pas les suppléer à une prise en charge médicale ou psychologique nécessaire, et faire très attention à un biais classique dans le domaine : le **biais de généralisation**. Tout conseil ou toute technique ne convient pas à tout le monde ni tout le temps. C'est un avertissement qui est rarement présent dans la sphère du développement personnel, et pourtant, c'est essentiel de ne pas l'oublier.

Voici une astuce, en espérant qu'elle soit adaptée à ton cas. Personnellement, j'ai du mal à pratiquer des exercices de développement personnel, je ne suis pas très assidue, je me lasse vite et j'ai souvent besoin d'un programme hyper personnalisé. Alors, j'ai un carnet où je liste les « trucs qui me font du bien ». Je ne me suis pas mise un jour devant le carnet en mâchonnant un

4. J'ai bien précisé d'eau, l'alcool n'est jamais une solution. En plus, comme tu vas le découvrir, ce n'est ici qu'une métaphore !

crayon jusqu'à ce que je trouve des idées, j'ai opté pour une autre méthode : j'écris dans mon carnet dès que je me rends compte que quelque chose que j'ai réalisé me fait du bien. Je note aussi le contexte, parce que c'est précieux. Si à ce moment-là je suis triste, si j'ai besoin de me changer les idées, si je suis fatiguée, endolorie ou en colère… ces informations m'aident quand je cherche comment me faire du bien.

J'ai choisi cette façon de procéder parce que je peux avoir du mal à identifier mes ressentis, mes émotions. Peut-être que pour toi, c'est assez évident, mais j'ai constaté qu'une personne traversant une période de stress pouvait ne pas savoir ce qui lui ferait du bien. Alors, quand j'ai besoin de boire le verre à moitié plein, je fouille dans mon carnet et je trouve toujours une bonne idée pour me rabibocher avec la beauté de la vie quand elle arrive à m'échapper…

Et si on acceptait l'idée d'aller mieux ?

On fait tout un fromage du fait de prendre soin de soi, comme si c'était une épreuve des jeux Olympiques. Pourtant, qu'attend-on d'un parent qui prend soin de son nouveau-né ? Une présence bienveillante couplée de soins classiques comme celui de la nourriture, de la toilette, de l'habillement. As-tu déjà remarqué que tu manges, que tu te laves, que tu t'habilles tous les jours sans réaliser que c'est, déjà, prendre soin de toi ?

Il arrive toutefois qu'on puisse avoir du mal à être une présence bienveillante pour soi-même. Il y a ce fameux phénomène de l'auto-stigmatisation comme on a pu le voir précédemment, aussi il se peut que l'on soit trop dur·e avec soi-même. Lorsqu'un·e enfant se blesse, au-delà des premiers soins, on sait bien qu'il est mieux de prendre le temps de le·la consoler et de lui offrir de la réassurance avant de l'inviter à remonter sur le vélo. Étrangement, quand ça nous arrive directement, il se peut que l'on se maudisse sur plusieurs générations pour ne pas avoir fait assez attention, et que l'on remonte sur le vélo en se disant qu'il n'y a pas besoin de se vaporiser le genou de désinfectant. Au niveau de la santé mentale, cela s'affirme à un autre niveau : on peut se retenir de vivre des émotions en les refoulant, faire semblant de ne pas avoir de problème, ne pas donner de considération à nos troubles, ou même refuser de comprendre que l'on est en dépression parce qu'on a toujours jugé que c'était pour les faibles comme

Jeanne-Pénélope du service compta. Spoiler: ce n'est pas le cas et pour ce qui est du refoulement, cela ne fonctionne pas.

Et si prendre soin de soi, c'était simplement s'autoriser à s'écouter ?

« NON, MAIS FAUT PAS S'ÉCOUTER ! »

Tu as sans doute entendu au moins une fois dans ta vie quelqu'un dire qu'il ne fallait pas s'écouter, ou juger quelqu'un qui s'écouterait trop. On disait beaucoup cela avant, parce qu'on incitait les gens à prendre sur eux et à ne pas s'appesantir sur leurs problèmes. C'était peut-être une solution à une époque où l'on parlait peu de psychologie, et où la science n'avait pas trouvé autant de réponses à nos difficultés. De nos jours, il est bien plus ingénieux de s'écouter pour mieux se comprendre et/ou pouvoir en discuter avec un·e professionnel·le de santé si nécessaire[5].

Cela étant dit, je t'invite tout de même à faire le distinguo entre l'écoute de soi et les ruminations : l'un fait du bien, l'autre beaucoup moins ! Les pensées nous jouent parfois des tours… Si ton anxiété s'accroît au fur et à mesure du temps, ce n'est pas bon signe et il est préférable de demander de l'aide.

Aux aidant·e·s

Si vous vous inquiétez pour un·e proche que vous sentez s'enfoncer dans un état difficile et que vous avez envie de l'aider, évitez de lui dire qu'il ne faut pas s'écouter. En revanche, vous pouvez tout à fait lui dire qu'il serait mieux qu'il·elle demande de l'aide pour établir une stratégie thérapeutique afin de sortir de cet état inquiétant. Rester sans rien faire d'autre que de ruminer son mal-être, ce n'est pas une solution. Un·e professionnel·le de santé aura sans doute des outils beaucoup plus fiables que vous pour établir ce plan d'action. Donc, « ne t'écoute pas autant », c'est non, en revanche « on va trouver des solutions pour que les choses changent et que tu ailles mieux », c'est oui !

5. Et l'on pourrait dire que c'est nécessaire si l'on ne va pas bien depuis plus d'un mois sans amélioration, ou si un problème refait surface chroniquement.

Les conseils de Cécile, patiente rétablie d'un méningiome

« Faites-vous confiance si vous n'avez pas l'impression d'aller bien. Ce n'est pas parce que ce n'est potentiellement pas grave qu'il ne faut pas s'en occuper. Moi, je viens d'une famille de médecins et personne n'a pris mon cas au sérieux. J'en ai fini par douter de moi et de mes symptômes. Aujourd'hui, avec le recul, je me dis que j'aurais mieux fait de m'écouter. On peut craindre que ce soit un problème de santé sérieux, et ça fait peur. Moi j'ai eu vraiment peur. Mais aujourd'hui, je me rends compte que sérieux ne veut pas dire sinistre, ça veut juste dire qu'il faut le prendre en compte.

Je regrette de ne pas avoir demandé un soutien psychologique plus tôt. Quand j'ai bénéficié d'une médication prescrite par une psychiatre, cela m'a beaucoup aidée à traverser cette épreuve. Avoir lu les livres de Martin Winckler[6] m'a aussi beaucoup apporté, notamment pour réaliser que je n'étais pas folle, et que j'étais légitime à demander de l'aide. Maintenant que je ne suis plus malade, il serait temps de savoir qui je suis ! Et j'ai le sourire en y pensant. »

« Et si j'étais hypocondriaque ? »

On dit que les personnes qui ont la trouille d'avoir quelque chose de grave chaque fois qu'elles ont un symptôme sont hypocondriaques. Il s'agit de la peur d'être malade. Dans le *DSM-5* (le livre de classification des troubles mentaux de l'Association américaine de psychiatrie[7]), on ne parle plus d'hypocondrie, mais

6. Martin Winckler est médecin et écrivain et a publié de nombreux contenus engagés pour une médecine plus humaine et le respect du consentement des patients.

7. Dernière édition parue en 2015 chez Elsevier Masson.

de « crainte excessive d'avoir une maladie ». Si c'est ton cas, peut-être qu'effectivement tu n'es pas malade, et que tu as simplement peur de l'être… mais tu as tout de même besoin d'aide pour te débarrasser de ce trouble anxieux. Ça ne doit pas être une partie de plaisir que de flipper d'être très malade chaque fois que l'on tousse ! Tu es légitime à demander de l'aide !

Aux aidant·e·s

N'oubliez pas que ce n'est jamais à vous de juger du sérieux des problèmes de vos proches. Vous n'êtes pas professionnel·le de santé, et même si vous l'étiez, on n'est jamais bon juge pour ses proches, comme l'illustre l'histoire de Cécile.

Au contraire, encouragez vos proches à consulter, ne serait-ce que pour lever le doute. Et si finalement, ce n'était rien de grave, évitez de sortir le refrain du « tu vois, ça ne servait à rien de t'en faire ! ». Si vous aviez un laboratoire médical et des machines IRM dans les yeux, ça se saurait ! Dites simplement que vous êtes heureux·se que tout aille bien, ou contentez-vous d'une accolade ou d'un émoji festif.

TYPOLOGIE DES PERSONNES QUI VONT MAL SANS DEMANDER DE L'AIDE

➜ Celle qui est parfaite pour les autres, nulle pour elle

Mathilde fait tout pour tout le monde. Elle a plein de connaissances dans beaucoup de domaines. Elle donne beaucoup, sans compter. Elle sait consoler, écouter, agir justement. Mais quand il s'agit de s'écouter elle, et de prendre des dispositions pour s'occuper de sa santé mentale, elle ne fait rien. Mathilde traverse une dépression post-partum qui dure et, sans aide, elle court le risque d'un burn-out maternel dont elle mettra davantage de temps à se rétablir…

➜ Celui qui est complètement vidé

Andréa a renoncé à tout et n'a plus goût à rien. Avant, il avait des passions, mais aujourd'hui plus rien ne semble avoir de sens. Quand il voit ses amis, il s'ennuie, le temps est long. On dirait qu'il est hermétique aux émotions. Andréa est vidé, et je ne sais pas s'il attend que les choses changent d'elles-mêmes ou s'il n'y croit plus, mais on dirait bien que l'aide n'est pas une option.

➜ Celle qui est présumée coupable d'être malade

Lou a des douleurs chroniques et ça fait un bail que ça dure. Elle s'est habituée aux symptômes, sait à peu près comment les gérer. Elle a entendu beaucoup de fois que c'était sûrement à cause du stress et que c'était dans sa tête qu'il y avait un problème. Alors, Lou ne consulte plus, et de temps en temps, s'en veut énormément en pensant que tout doit bien venir d'elle.

➜ Celui qui est dans le déni

Charlie ne se considère pas du tout comme quelqu'un qui a des problèmes. Il y a des choses compliquées, certes, mais il gère. Et puis, il pense que dans la vie, on n'a pas toujours ce qu'on veut donc faut faire avec. Il n'est plus du tout heureux dans son couple, mais il se dit que c'est mieux de rester pour les enfants, de toute manière, il va voir ailleurs pour un peu de bonheur. Charlie pourrait faire une thérapie conjugale et/ou être accompagné pour trouver la force de changer de vie, mais jusqu'ici, il a toujours rejeté cette idée.

➜ Celle qui manque d'informations

Si Mylène allait consulter un·e psychiatre pour parler de ce qu'elle vit, on lui diagnostiquerait un état de stress post-traumatique. Mais depuis qu'elle a vécu des violences sexuelles, Mylène n'en a parlé à personne, n'a pas demandé d'aide. Elle pense que la solution, c'est de vivre avec, qu'on ne peut de toute manière pas changer le passé. Elle n'a pas envie de parler de cette histoire, ça ne servirait à rien. À cause du manque d'informations et de la stigmatisation des victimes, Mylène ne sait pas qu'elle peut être prise en charge, non pas pour remuer le passé, mais bien pour s'émanciper du stress post-traumatique qui lui pourrit la vie.

➜ Celle qui se suradapte

Inès se sent différente des autres et elle est persuadée qu'elle doit changer pour être acceptée et mieux vivre. Alors chaque jour, elle imite les autres et essaie de passer au-dessus de toutes ses difficultés. Le soir elle s'effondre, épuisée d'avoir été dans un environnement difficile pour elle et d'avoir fait semblant que tout allait bien. Si Inès allait parler de tout cela à un·e psychiatre, il pourrait l'aider à comprendre pourquoi elle se sent obligée de se suradapter et créer un plan thérapeutique pour qu'elle n'ait plus besoin de le faire[8].

➜ Celui qui se persuade que ça va aller

Alors qu'Alex traversait une phase un peu compliquée après la fin de son CDD, il a souhaité se tourner vers la spiritualité pour tenter de trouver des réponses sur ce qu'il était venu faire dans ce monde. Il s'est intéressé au new age parce qu'il est tombé sur un grand rayon en librairie, puis il a enchaîné les vidéos sur YouTube. Le hic, c'est qu'il va de plus en plus mal depuis qu'il se persuade qu'il va arranger ses problèmes en pratiquant la loi de l'attraction et la pensée positive. Son meilleur ami lui a dit qu'il avait l'air de tomber en dépression, mais Alex ne veut pas consulter, il a notamment trop peur qu'on lui impose des médicaments.

---

8. Attention, ce n'est pas parce que l'on a ce profil que l'on est forcément dans le spectre autistique ou neuroatypique. Un·e psychiatre pourra faire un diagnostic différentiel pour parvenir à aider au mieux Inès, peu importe l'origine de ses difficultés.

Est-ce que tu te reconnais dans l'un de ces profils ?

Si oui, sache que tu viens déjà de faire un pas pour en sortir ! Félicitations !

POURQUOI EST-CE SI DIFFICILE DE DEMANDER DE L'AIDE ?

De nos jours, on peut obtenir beaucoup de choses sans trop d'efforts. En direct de notre canapé, à l'aide de notre smartphone, on peut faire ses courses, se faire livrer un plat du restaurant en bas de notre immeuble, ou encore recevoir un objet dans notre boîte aux lettres en un temps record. Il suffit de choisir et de cliquer. Pour beaucoup, c'est pratique, ça allège la charge mentale et ça fait gagner du temps. Le mauvais côté des choses, c'est que cela peut déclencher des dépenses frénétiques ou encore de la culpabilité. Que cela fasse plaisir ou que l'on ait des remords (souvent les deux), ce qu'on voit, ce qu'on veut, on clique et on peut l'obtenir vite. Alors, dans ce monde où l'on parle d'offre et de demande, on peut se poser une question toute simple : pourquoi est-ce que c'est mille fois plus facile de solliciter n'importe quoi que de demander de l'aide ?

A priori, ça ne serait pas le fait de vouloir de l'assistance qui pose problème. La présence grandissante de Google Assistant, Alexa ou encore Siri le montre bien. Serait-ce donc de s'avouer en état de faiblesse qui est paralysant ? C'est très probable. Qu'on ait besoin d'un nouvel aspirateur ou du dernier livre de notre auteur·rice préféré·e, on se pose peu de questions mis à part la pragmatique « est-ce bien raisonnable ? ». En revanche, quand on a besoin d'aide, on dirait que toute une armée se met au garde-à-vous dans notre cerveau pour lutter : souvent, avant d'accepter l'idée que l'on a besoin d'aide, on fait face à une série de dénis, de bugs et d'évitements aussi forts que l'odeur d'une poubelle oubliée que l'on retrouve en rentrant de vacances. Là où acheter quelque chose pour nous faciliter la vie est perçu comme une récompense, faire appel à un service d'aide nous ramène à un tout autre cadre : celui où nous sommes défaillant·e, en somme, tout l'inverse de la figure de la personne qui réussit.

Le mythe de la personne qui « réussit toute seule »

Au milieu de tous nos mythes embarrassants, comme celui de la virilité ou encore de la bonne mère, on trouve celui du *self-made-man*, autrement dit « celui qui s'est fait tout seul ». Il suffit de chercher des portraits de personnes inspirantes en ligne, dans les journaux ou à la télévision : on valorise fortement les profils de personnes qui « sont parties de rien » et ont « réussi ». Pour te faire relativiser tout cela, je peux te raconter que Donald Trump se hisse haut dans cette catégorie. Et pourtant, il n'a eu qu'un petit prêt d'un million d'euros pour monter son empire ! La notion de coup de pouce ne semble pas être la même pour tous·toutes, privilèges à l'appui.

Je te propose de laisser tomber le rêve américain et de réfléchir avec réalisme. Si l'on a un objectif et que l'on ne parvient pas à l'atteindre, il arrive que ce soit notre objectif le problème, et pas nous. Si je décide de courir un marathon demain alors que je n'ai aucun entraînement, c'est mon objectif qui est mal choisi, et pas moi qui suis nulle. Cela ne dit rien de mes capacités physiques, car a priori j'en serais sûrement capable avec de longs mois d'un entraînement adapté. Il peut aussi arriver que ce ne soit pas notre objectif qui soit problématique, mais plutôt la manière dont on compte l'atteindre. Souvent, le leurre dans lequel on tombe, c'est de s'imposer de tout réussir seul·e. Pour atteindre nos objectifs, il est très souvent utile et pertinent de s'entourer d'une équipe. Et pourtant, beaucoup semblent penser qu'ils·elles ne récolteront pas les lauriers de ce qu'ils·elles entreprennent s'ils·elles ne réussissent pas seul·e·s.

Il ne faudrait jamais attendre d'être au bout du rouleau

Un exemple courant est celui des jeunes mères qui s'usent durablement la santé parce qu'elles essaient de correspondre aux stéréotypes de la mère parfaite : petits pots faits maison, éducation positive irréprochable, maison rangée et compagnie, et qui ont une impression d'échec à chaque écart… ce qui arrive fréquemment parce qu'à moins d'avoir des pouvoirs magiques, c'est une période où tout le monde peut se sentir dépassé.

Je me souviens très bien d'une femme que j'ai accompagnée il y a quelques années. Elle faisait une dépression post-partum, mais elle soutenait qu'elle n'avait pas le temps d'en faire une. Le hic, c'est que notre santé, qu'elle soit physique ou mentale, s'en fiche complètement de notre emploi du temps : quand ça lâche, il faut faire avec. Elle avait fini par me demander de l'aide, et avait déposé son petit chez sa mère. Lors de notre séance, elle se détendait peu à peu à mesure qu'elle vidait son sac, mais au bout de cinquante minutes, elle a vu l'heure, elle a rangé ses affaires et est partie rapidement, à nouveau submergée par le stress, pour ne pas « embêter sa mère trop longtemps ». Elle culpabilisait énormément de prendre du temps pour sa santé mentale. Cela arrive à beaucoup de monde, et bien souvent on finit par aller consulter quand on est à ramasser à la petite cuillère et que tout s'est effondré.

D'ailleurs, faut-il attendre que quelque chose soit cassé pour demander de l'aide ? Il y a fort à parier que, si l'on porte tout ce poids sur le dos « seul·e » parce que l'on veut « réussir seul·e », la première chose qui se brise, ce soit nous. Épuisement, burn-out et compagnie nous mettent alors à l'arrêt. Et c'est le fameux moment traître, où l'on pense que l'on avait raison d'avoir peur d'être défaillant·e : la preuve, on a cédé au chaos.

N'écoute pas ce refrain, c'est une *fake news* : si tu es à l'arrêt, c'est parce que tu en as trop fait avant, pas parce que tu serais incapable par nature. Mais dans notre société, on dirait qu'il faut prouver partout et tout le temps que l'on peut tout faire, tout réussir, tout gérer… alors que ça semble être seulement le plan idéal pour finir sur les rotules et perdre le moral.

CHANGEONS NOTRE BAROMÈTRE INTÉRIEUR

On utilise à tort l'expression « être à 200 % ». C'est pourtant mathématiquement impossible. Si c'est ton objectif, je suis désolée de te dire que pour le coup, il est irréaliste. Qui plus est, il se trouve qu'être à 100 % de ses capacités, c'est aussi un doux rêve. Quand je te dis de ne pas attendre d'aller bien pour aller mieux, ça vaut aussi dans ce sens : n'attends pas de te sentir à 100 % pour te considérer comme quelqu'un de capable. Vise l'équilibre plutôt que la performance, c'est tout ce qui compte au quotidien. Les défis, ce n'est pas un job à temps plein, ce sont des petits plus dynamisants dans une vie déjà en équilibre.

Malgré une tendance générale à redonner ses lettres de noblesse à la sobriété, au minimalisme, à la vie simple, on continue pourtant à s'en demander énormément. On dit qu'il faut viser la Lune et qu'au pire on atterrira dans les étoiles… Mais on oublie que notre fusée peut avoir un problème technique ou qu'un concours de circonstances peut annuler son lancement. Viser la Lune, ce n'est pas une mauvaise idée… Mais assumons qu'il y a une probabilité que l'on n'atterrisse pas dans les étoiles, parce que tout ne fonctionne pas toujours comme prévu. Alors, changeons notre baromètre et disons-nous plutôt : « Visons la Lune, au pire ça ne marche pas, mais j'aurai tenté le coup ! »

C'est l'intention qui compte

Depuis que j'ai traversé des difficultés, je comprends dans ma chair l'expression « c'est l'intention qui compte ». J'ai souhaité mille fois que mon entourage la ressente aussi, notamment quand j'essayais d'être présente, mais n'y arrivais pas. On attache beaucoup plus d'importance aux résultats, à ce qui est palpable et visible, qu'à l'intention des gens. C'est dommage, car nous sommes des êtres faillibles, pas des machines, et il serait temps que ce ne soit plus un problème. On suspecte les personnes affaiblies d'aimer rester dans leur situation, d'apprécier de ne rien faire et d'être des assistées. Mais j'ai un scoop : en réalité, aider quelqu'un une fois ne va pas faire de lui un paria incapable de se débrouiller seul. Au contraire, soutenir un être en difficulté va lui donner les ressources pour ne pas se déconnecter du reste du monde, et pour s'accomplir pleinement une fois qu'il aura retrouvé son plein potentiel.

Personne ne souhaite être mal toute sa vie, personne n'a pour objectif de geindre et de souffrir. Manifester que l'on va mal (par des pleurs, de la tristesse…) est une réaction biologique adaptée face à des difficultés[9]. Cette émotion nous invite à faire évoluer notre situation, car elle est identifiée comme douloureuse. Cela aide également à susciter la compassion des autres, afin d'obtenir du soutien. Regarder la détresse de quelqu'un avec des yeux de jugement est donc une manière de vivre ensemble bien rude. Et si les êtres humains réagissaient comme cela tout le temps, je doute que notre espèce aurait survécu.

---

9. *La gestion de soi*, Jacques Van Rillaer, Mardaga, 2019.

En finir avec la honte d'être mal

J'ai entendu dire qu'il existe des sociétés où, quand quelqu'un sombre, on ne le juge pas. On lui offre des conditions pour vivre l'épreuve qu'il traverse dignement. On le respecte pour la force dont il doit faire preuve, et qui est reconnue. Et, cerise sur le gâteau, quand la personne va mieux, on la considère comme une source d'inspiration pour les autres, car elle a survécu à des difficultés et peut désormais aider les autres. Que ce soit une légende ou une réalité, moi ça me fait rêver. J'espère que le développement de la pair-aidance va faire changer le regard sur la personne qui souffre…

Dans notre société, on a plutôt tendance à regarder de travers la personne en arrêt maladie, perçue comme une lâcheuse qui abandonne le reste du groupe pour son petit intérêt personnel. J'ai entendu trop de fois des gens juger les soins comme de l'égoïsme, surtout si le mal dont on souffre est invisible. Des personnes ayant eu un cancer sans avoir perdu leurs cheveux en chimio m'ont rapporté avoir reçu beaucoup moins de considération et de compassion que les autres. Quel triste monde parfois !

Aux aidant·e·s

Le vocabulaire, c'est important ! Personne ne « se met en arrêt maladie ». C'est le médecin qui prescrit un arrêt de travail à quelqu'un[10]. C'est la décision d'un·e professionnel·le de santé qui a recueilli les informations nécessaires afin de faire ce choix éclairé. Certes, il y a toujours des abus, mais doit-on tomber dans un biais de généralisation ? Quoi qu'il en soit, c'est un acte du médecin, jamais du·de la patient·e.

Non, on ne succombe pas à une maladie comme si c'était une sirène dont on était tombé·e sous le charme. On ne s'est pas fait

10. Merci à @minie .doc sur Instagram d'avoir évoqué ce sujet si précieux !

avoir parce qu'on a eu moins de jugeote que les autres. Les soucis de santé frappent aux portes au hasard, et parfois se moquent complètement de notre style de vie. Cette année, j'ai connu une femme qui est décédée brutalement d'un arrêt cardiaque à l'âge de quarante-quatre ans alors qu'elle faisait son footing quotidien. Ma grand-mère Simone qui n'a jamais fumé une cigarette de sa vie a eu des métastases fatales aux poumons. Non, on ne fait pas exprès.

Et c'est ce qui est désarmant avec la maladie : ça n'a pas de règles, ou en tout cas, si elles existent, on ne les comprend pas encore toutes. Il y a des parts génétiques, des parts environnementales, d'autres qui concernent des habitudes de vie… Mais avoir accès exactement à la cause d'un trouble, ce n'est pas simple comme un épisode de *Dr House*. Il ne suffit pas de fouiller dans l'appartement du malade. Pour beaucoup de personnes, on n'en sait rien. Et d'ailleurs, il se trouve que concernant le volet génétique, la science en est encore à ses débuts. Les recherches sont longues et coûteuses, et demandent des évolutions technologiques[11]. Alors, même quand on ne trouve pas de causes génétiques, on ne peut malgré tout pas écarter la possibilité qu'elles existent.

On a souvent envie de comprendre pourquoi on souffre, d'y donner du sens. Ce peut être comme un piège qui se referme sur nous face à l'absence de certitudes : des dérives thérapeutiques actuelles appuient énormément sur ce point en offrant des grilles de lecture de maladies, nous y reviendrons. Mais à cette étape de la lecture, je voudrais déjà te dire d'essayer de penser davantage à aujourd'hui qu'à hier : peu importe ce qui a déclenché tes soucis, la priorité, c'est que tu ailles mieux. Et pour cela, il est fort probable que tu doives demander de l'aide.

---

11. Conférence du Pr Jean-Louis Mandel « La génétique dans les troubles du neurodéveloppement : à quoi ça sert, limites actuelles » pour l'association Stras&nd : https://youtu.be/ov-I074A1zQ

Empruntons ce chemin ensemble

Vraiment, tu as le droit d'aller mieux. Laisse tomber les remarques de tonton Jean-Maurice, il ne faut pas souffrir pour être heureux·se ! On en a eu, une drôle de discussion, toi et moi, coincé·e·s dans ce TGV inventé. Tu m'as confié tes problèmes, et moi j'ai tout donné pour que tu saches que tu es légitime, que je te crois, que tu as la force d'entamer ce parcours de soins.

Il est possible que tu aies peur. Peur de ce que tu pourrais découvrir, peur de tomber sur les mauvais médecins, peur que l'on passe à côté de quelque chose, ou même peur de demander de l'aide mais qu'au final, rien ne change. Alors, je te demande si ça t'aiderait que je continue le parcours avec toi. Et si tu me dis oui, on va le faire ensemble, ce chemin. Il te suffit de passer au chapitre suivant, celui où je vais te donner tellement d'astuces pour devenir un as du parcours médical que tu sauras en éviter les pièges et traverser ses difficultés !

CHAPITRE 2

~~PRENDS SUR TOI~~

N'hésite plus à demander de l'aide

As-tu déjà pensé à consulter ?

Si tu ne vas pas bien, le moment où tu vas franchir la porte d'un cabinet médical ou de psychologie va finir par arriver. Et je te souhaite de réussir à trouver cet élan le plus rapidement possible, afin que tes souffrances puissent être apaisées. Ce n'est pas à toi, seul·e, de comprendre ce qu'il t'arrive et de trouver des moyens de guérir. Il y a des personnes dont c'est le métier, et tu es légitime à leur demander de l'aide. Que tes maux soient physiques ou psychiques, tu n'as pas à les porter sur les épaules et à les subir. Tu peux aller mieux, tu en as le droit, et il existe beaucoup de moyens à disposition.

Demander de l'aide à des soignant·e·s, ce n'est pas les déranger : c'est leur métier. Ton·ta premier·ère interlocuteur·rice peut être ton médecin généraliste : il·elle peut t'aider sur bien des points et, si tu dois aller faire des examens ou consulter des spécialistes, c'est lui·elle qui peut tenir le gouvernail de ton bateau en pleine tempête pour savoir dans quelle direction aller. Cependant, on peut avoir la trouille de consulter pour beaucoup de raisons, et celles-ci, on va les explorer ensemble pour que tu puisses bénéficier des soins dont tu as besoin.

DANS LA JUNGLE DU MONDE MÉDICAL

J'ai souvent eu l'impression que le milieu médical était une jungle. J'avais peur de ne pas m'y sentir à l'aise, de m'y blesser, d'y faire une rencontre traumatisante, d'en revenir avec plein d'hématomes comme quelqu'un qui s'est battu pour sa survie, et qui retrouverait son lit, enfin, épuisé mais guéri. Mes peurs étaient légitimes, et tu ressens peut-être les mêmes.

Demander de l'aide est difficile pour bon nombre de raisons, et parmi celles-ci, l'appréhension de ne pas être écouté·e, considéré·e, respecté·e par les soignant·e·s est souvent présente. C'est d'autant plus le cas si l'on subit, bien malgré nous, des stigmatisations à cause de notre genre, de nos préférences sexuelles, de notre couleur de peau ou de nos origines, de notre santé mentale, ou encore d'un corps qui ne rentrerait pas dans les canons esthétiques d'aujourd'hui.

On est vulnérable lorsque l'on souffre, et le moindre accroc nous abîme davantage. Alors, on voudrait que le monde médical soit parfait. Or, ce n'est pas le cas, et on le sait. On peut avoir du ressentiment, ça peut nous mettre en colère… Quand on ne va pas bien, on aimerait vraiment trouver dans le monde du soin une oasis de sérénité. Quelle déception quand on y ressent alors du stress et de la peur !

Au cours de mes aventures médicales, je me suis rendu compte que je pouvais ne plus m'y sentir aussi fragilisée et surtout ne plus laisser l'appréhension gagner la partie. S'il n'existe pas d'antidote à la possibilité de faire de mauvaises expériences, on peut toutefois apprendre à ne plus se laisser faire. Les rapports de domination bien infiltrés dans notre société, on peut aussi les rencontrer dans le monde de la santé. Toutefois, le plus important, c'est d'accéder à des soins. Je souhaite t'aider pour que tes peurs ne te poussent pas à y renoncer.

Les médecins, c'est un peu comme les amoureux·ses : une seule mauvaise rencontre peut te retenir d'entamer sereinement une nouvelle relation. Et pourtant, l'amour, comme la santé, c'est quelque chose auquel on aspire tous·toutes à notre manière. Ne nous en privons pas parce qu'il existe des êtres peu recommandables et des maladroit·e·s. Il n'est pas utopique d'espérer, également, qu'il existe des personnes qui commettent des erreurs et sont prêtes à le reconnaître et à évoluer, à déconstruire leurs préjugés. J'en ai rencontré, y compris chez les médecins.

Tu vas devenir un·e aventurier·ère expérimenté·e

Aujourd'hui, je vois le monde médical comme une ressource en constant mouvement, peuplé d'acteur·rice·s qui sont aussi humain·e·s que moi, avec leurs failles et leurs atouts. J'en ai appris les ressorts et mes droits, notamment celui de dialoguer avec les soignant·e·s, de faire valoir mon consentement et de pouvoir choisir qui m'accompagne. Quand on est bien outillé·e, on peut traverser la jungle comme un·e aventurier·ère expérimenté·e : avec confiance, tout en repérant les dangers pour espérer les contourner. Un·e pair-aidant·e peut aussi être ton·ta guide de voyage et t'accompagner lors de tes rendez-vous médicaux pour que tu te sentes davantage protégé·e si tu es effrayé·e. De mon côté, même si je ne peux pas me téléporter à tes côtés, je serai avec toi à travers mes mots, mon soutien, et toutes les informations que je vais te livrer pour que tout se passe au mieux. Et tu peux toujours m'imaginer t'encourager sur la seconde chaise vide qui est souvent là, à côté, lors de tes rendez-vous médicaux.

Aussi, ne l'oublie pas : on a une chance incroyable d'avoir un système de santé comme le nôtre, même s'il nous arrive de lui faire des reproches qui sont loin d'être vides de sens. La science fait chaque jour des progrès qui améliorent notre quotidien, notre santé, nos connaissances pour en prendre soin. C'est un privilège d'y avoir accès, et comme tous les privilèges, on a tendance à l'oublier… Certain·e·s sont né·e·s avec une petite cuillère en argent dans la bouche, et nous avec un numéro de Sécurité sociale. On oublie parfois que l'eau courante ou le paracétamol dans le placard, ce n'est pas un acquis partagé par tous·toutes. Je me sens toujours chanceuse quand j'ai accès à un soin qui me permet de me rétablir. Ce grand ouf ressenti quand mes symptômes se calment après une prise en charge adaptée surpasse toutes les remarques désobligeantes que j'ai pu entendre chez certains médecins, chez certains humains.

On a de la chance, oui, mais on peut améliorer plein de choses ! On s'y attelle ensemble ? N'aie pas peur, pour l'instant, tu es juste avec moi, et je ne porte pas de blouse blanche. Si tu en as envie, mets-toi dans un plaid tout doux, et poursuis ta lecture pour accéder à des soins de qualité dans les meilleures conditions !

Soigner, c'est un métier

De nos jours, on a l'impression que l'on peut devenir spécialiste de tout, et presque aussi vite qu'en passant une commande en ligne : pourtant, on n'apprend pas un métier avec Amazon Prime. On confond les **consensus scientifiques** (qui sont le résultat de validation de très nombreuses études), les **expertises** (qui sont l'œuvre de professionnel·le·s isolé·e·s) et les **opinions** (qui sont subjectives, influencées par l'environnement et l'humeur, et parfois basées sur un simple article de presse ou de blog).

Nous avons pu remarquer lors de la pandémie de 2020 que beaucoup de personnes se sont improvisées virologues. Mais cela ne fonctionne pas comme ça, et ce sont les professionnel·le·s de santé qui peuvent t'aider à aller mieux… et pas des personnes non formées qui te donnent leur avis ! C'est peut-être un scoop, mais aller bien ne fait pas de nous un spécialiste de la santé, et connaître quelqu'un (qui connaît quelqu'un…) qui est en phase de rétablissement non plus. Et si les pair-aidant·e·s formé·e·s peuvent aider, ce n'est pas pour autant que l'on pourra te soigner.

Si cela fait un moment que tu souffres, peu importe que ta souffrance soit physique, émotionnelle, mentale ou tout à la fois... Consulter un·e professionnel·le de santé est la première des choses à entreprendre. Ose faire ce pas : tu dois t'aider, parce que personne ne le fera à ta place. Ce n'est pas facile à entendre, je sais. Et je crois que beaucoup de personnes qui se sont retrouvées à ta place, moi y compris, ont regretté de temps en temps l'enfance lors de laquelle c'était aux parents de porter la responsabilité de trouver des solutions. Ce poids sur tes épaules, seul·e un·e professionnel·le de santé peut t'en délester et savoir à quel degré d'urgence tu te situes. Et je ne parle pas seulement du risque d'une mauvaise santé physique, mais également de l'état de ta santé mentale.

ATTENTION À L'AUTOMÉDICATION

Les médecins ont des moyens d'agir pour contrer beaucoup de douleurs, peu importent leurs origines, et c'est aussi un luxe que tu es en droit de t'offrir le temps que l'on trouve ce qui t'arrive. C'est bien plus responsable de laisser ton médecin décider de ton traitement, plutôt que de fouiller dans ta boîte à pharmacie. On peut parfois faire des mauvaises associations sans s'en douter, parce que nous, patient·e·s, ne sommes pas médecins. Je le répète, c'est un métier. L'automédication, ça va pour un rhume sans complication qui passe en quelques jours. Pour le reste, je te conseille de ne pas jouer au savant fou avec toi-même (ou les autres!). Et si tu prends quelque chose pour faire disparaître tes maux, il va falloir faire très attention à ne pas développer de dépendance : ça peut arriver à tout le monde, alors vraiment, remets-t'en au savoir d'un professionnel. Si tu dois attendre pour un rendez-vous, n'oublie pas que tu peux aussi demander l'avis de ton pharmacien.

NOS CROYANCES INFLUENT SUR NOS REPRÉSENTATIONS DES MALADIES

L'histoire de la maladie et la manière dont les gens la perçoivent, c'est une affaire qui débute bien avant l'avancée scientifique que l'on connaît et l'apparition de technologies de pointe… On s'est longtemps basé sur l'observation et sur des déductions sans aucune garantie de fiabilité pour jauger les maux et les guérir. C'est seulement au début du XXe siècle que l'on remplace le terme « philosophie des sciences » par « épistémologie », **l'esprit critique appliqué aux sciences, à ses méthodes et à ses usages**. Son développement conjoint à celui des technologies a permis que l'on élabore une méthodologie scientifique, et que l'on reste toujours en questionnement constant, à l'affût d'améliorations possibles. On a peu à peu mis en place un contrôle pour prouver l'efficacité d'une méthode d'action thérapeutique ou d'un traitement.

Des études d'efficacité

Afin de mieux comprendre la méthodologie scientifique, sache que l'on valide aujourd'hui des études d'efficacité qui répondent à ces critères :

- **elles sont basées sur de très larges échantillons de personnes**, avec ce que l'on appelle un « **groupe contrôle** », des personnes qui seront soumises aux mêmes tests, mais sans bénéficier des traitements ou des méthodes thérapeutiques dont on cherche à démontrer l'efficacité. C'est ce groupe qui, par exemple, prendra un médicament placebo (un comprimé sans principe actif à l'intérieur) : cela permet de voir s'il y a une différence significative de résultats entre les personnes réellement traitées par le médicament testé, et les autres.

- **elles sont reproductibles**. Pour qu'il y ait un consensus scientifique (c'est-à-dire un accord général des membres de la communauté scientifique travaillant dans le domaine spécifique du sujet de l'étude), il faut que les études soient reproduites et validées par des pairs (ce qui doit faire disparaître toute suspicion de conflits d'intérêts).

Par exemple, lorsque ton médecin suit une recommandation de la Haute Autorité de Santé (HAS)[12], ce n'est jamais l'idée isolée d'un seul homme, d'une seule femme, ou quelque chose décidé à la va-vite. Mais ce n'était pas le cas auparavant ! On a opéré des saignées pendant des siècles en pensant que vider le sang permettait de se libérer des maladies. Cette pratique trouvait sa source dans « la théorie des humeurs », l'une des bases de la médecine antique européenne. Celle-ci fut invalidée depuis par les découvertes et les études scientifiques. On considérait que l'homme était habité par les quatre éléments (le feu, l'air, l'eau et la terre) que l'on avait associés aux quelques fluides que l'on connaissait à l'époque (comme le sang ou la bile). On en trouve encore des traces régulières dans notre langage, notamment quand on dit de quelqu'un qu'il est d'un tempérament sanguin, ou encore qu'il ne faudrait pas se faire de bile. Attention, certaines pseudo-sciences continuent à élaborer des pratiques fallacieuses en prenant pour base cette théorie des humeurs.

Des biais culturels

Si la science a prouvé que la manière dont on considérait les symptômes et les troubles dans le passé était erronée, il n'en est pas moins que les représentations dépassées des maladies continuent à circuler aujourd'hui. C'est le cas dans notre langage,

12. https://www.has-sante.fr/

dans nos préjugés, dans notre façon de les appréhender. Un biais culturel perdure, et celui-ci ne nous rend pas toujours service. Longtemps, l'homme européen a relié la maladie à une punition divine. Au Moyen Âge, un obscurantisme religieux a dominé : la médecine ne se développait qu'au travers du travail des hommes d'Église, excluant alors la possibilité de comprendre les ressorts biologiques d'une maladie. En effet, ils pensaient que les maladies étaient la volonté de Dieu et qu'il ne fallait pas s'y opposer. Encore aujourd'hui, on peut en repérer les stigmates : certaines personnes se cachent comme un·e enfant puni·e d'avoir mal agi lorsqu'elles tombent malades, d'autres ont des préjugés sur les personnes en souffrance, comme si elles pouvaient en porter l'entière responsabilité. Et cela, que l'on soit croyant·e ou non !

Des croyances peuvent nous retenir de demander de l'aide ou de l'assistance. Ainsi, de nombreuses personnes traversent des interruptions volontaires de grossesse dans la solitude, par peur d'être jugées brutalement. Une femme médecin anesthésiste en obstétrique m'a confié qu'elle se débattait régulièrement avec des personnes ayant des croyances liées à des mouvements sectaires. En effet, certains dogmes refusent la transfusion sanguine, même lors d'un accouchement hémorragique. Certains livres de développement personnel influencés par la mouvance new age peuvent également faire éprouver énormément de culpabilité aux malades en expliquant de manière symbolique que les symptômes sont des épreuves spirituelles destinées à faire évoluer la personne en souffrance, et que c'est en travaillant sur soi que l'on peut les faire disparaître vraiment. Cela crée de grands retards dans la prise en charge des soins.

SOIGNER EN RESPECTANT LES CROYANCES

Il peut être difficile de faire cohabiter la science et les croyances. Il est à la fois nécessaire de repérer les idéologies qui peuvent s'apparenter à des dérives sectaires, mais aussi d'apprendre à épauler avec respect les personnes qui n'ont pas les mêmes croyances que nous et qui ne constituent pas un danger pour la santé. En Nouvelle-Zélande, un grand travail a été fait pour que les croyances des Maoris cohabitent avec une façon plus occidentalisée d'appréhender le monde et la maladie. Les peuples maoris ne considèrent pas qu'entendre des voix est une maladie. Les services de soin en santé mentale ont dû le prendre en compte et chercher à développer la meilleure attitude humaine possible pour une prise en charge la plus efficace possible[13]. C'est une dynamique qui, je l'espère, va se développer de plus en plus et permettra une empathie nécessaire lorsque les soignants prennent en charge des populations ayant des différences de représentations des maladies.

Peut-être as-tu repéré des croyances ou des représentations de la maladie qui influencent la prise en charge de ta santé ? Si oui, garde-les en mémoire, car cette prise de conscience peut être d'une grande aide si tu les partages aux personnes qui t'accompagnent dans ton parcours de soins. Ce ne sont pas des détails anodins.

13. *Se rétablir en santé mentale*, Pr Jean-François Pelletier, Elsevier Masson, 2021.

Viens voir le docteur, non n'aie pas peur !

Je ne connais personne qui se dit « chouette, trop bien, je vais aller chez le docteur aujourd'hui ! ». Non, on n'aime pas les salles d'attente avec les personnes qui toussent, on ne saute jamais de joie en utilisant sa carte Vitale, on n'apprécie pas particulièrement de répondre à la classique question « alors, qu'est-ce qui vous amène ? ».

Personnellement, le moment que je préfère, c'est quand je sors du cabinet médical de mon généraliste après avoir poussé la lourde porte de l'immeuble et que je sens à nouveau le vent frais sur mon visage. Pourtant, mon médecin généraliste est adorable, à l'écoute, empathique. Son seul défaut, c'est qu'il ne consulte pas sur rendez-vous, qu'il faut attendre lors d'une plage horaire dédiée que ça soit son tour, dans l'ordre d'arrivée. Alors il m'arrive de ne pas me déplacer en me disant que ça va passer tout seul, parce que je n'ai pas envie d'attendre et de perdre une demi-journée.

Aucune envie toutefois de changer de médecin, un·e généraliste qui nous convient, c'est trop précieux. Avoir une place réservée dans un cabinet médical l'est aussi : il y a de plus en plus de soignant·e·s qui ne prennent plus de nouveaux·elles patient·e·s. Je me suis promis de parler à mon médecin de cette difficulté que j'ai à consulter. Communiquer, c'est l'une des clefs, sinon la plus essentielle, que j'ai trouvées pour être prise en charge de la meilleure des manières. Et toi, as-tu repéré ce qui pourrait te bloquer ?

LE MÉDECIN GÉNÉRALISTE EST UN PREMIER CONTACT ESSENTIEL

Est-ce que tu as un médecin généraliste ? C'est vraiment important, car c'est ton·ta premier·ère interlocuteur·rice à privilégier pour tout ce qui concerne ta santé, qu'elle soit physique ou mentale. Oui, tu as bien lu, tu peux totalement aller consulter ton·ta généraliste si tu rencontres des difficultés qui tournent autour des thématiques de stress, d'anxiété, de dépression, d'insomnies… Il·elle est aussi là pour t'aiguiller dans ces moments-là, protéger ta santé physique en vérifiant que tout est OK, te donner des informations et des conseils, et te conseiller d'autres spécialistes adapté·e·s si tu as besoin de soins plus spécifiques.

FAUT-IL LIRE LES AVIS SUR LES MÉDECINS ?

Si tu n'as pas de médecin généraliste, tu peux en chercher un autour de chez toi, ou près de ton travail si c'est plus facile pour toi. Ma technique numéro un pour trouver un·e soignant·e, c'est de prendre le temps de lire les avis Google : ça m'aide à choisir, ça me rassure. Attention toutefois à prendre les commentaires avec quelques pincettes :

- Un bon médecin peut avoir des mauvais commentaires pour de nombreuses raisons (concours de circonstances, patient·e déçu·e pour des raisons qui ne seraient pas importantes pour toi…). Ne pars pas du principe qu'il te faut trouver une perle rare avec uniquement des avis positifs !

- On ne cherche pas tous·toutes les mêmes choses chez un médecin. Moi par exemple, je m'en fiche un peu si la secrétaire est souvent ronchonne, tant que je m'entends bien avec le·la docteur·e. Et même si, comme tu as pu le voir, je n'aime pas attendre, j'ai souvent été prise en charge par des soignant·e·s toujours en retard sur leur planning : souvent, c'est parce qu'ils·elles prennent le temps d'écouter, ce qui est un élément important pour moi.

Des déserts médicaux…

L'essentiel est que tu puisses être pris·e en charge et suivi·e, que tu aies un refuge familier où frapper si ça ne va pas. On traverse une période plutôt critique où, selon les territoires, principalement dans les très grandes villes et dans les campagnes isolées, il peut être difficile de trouver un médecin généraliste. J'aimerais avoir une solution à te proposer dans ces cas-là, mais je ne peux que te conseiller d'essayer régulièrement de contacter les cabinets médicaux, de ne pas perdre espoir et de soutenir les combats politiques des soignant·e·s pour que les choses changent plutôt que de les accabler. Soyons ensemble face à ces difficultés : elles sont systémiques et pas directement dirigées contre toi.

Sache aussi que les consultations en ligne se développent. Certain·e·s pensent que c'est la médecine du futur… N'étant pas Madame Irma, je n'en ai aucune idée, mais je trouve que ça peut dépanner et que ça a même quelques avantages pour les consultations qui ne nécessitent pas d'examens ou d'observations physiques.

J'ai beaucoup consulté mon endocrinologue en ligne à l'époque où il me suivait très régulièrement pour les soins d'un adénome hypophysaire. Cela m'évitait de me déplacer, je gagnais du temps, et je pouvais l'attendre tranquillement devant la télé, sous mon plaid. Lors du rendez-vous, il m'informait de l'avancée de mes traitements à la suite des analyses que je faisais au laboratoire, prenait le temps d'écouter comment ça se passait pour moi et ajustait les doses de mes médicaments tout en me donnant des perspectives sur la suite. Il n'y avait rien que l'on ne pouvait faire en ligne !

Alors oui, c'est sûr que pour un examen gynécologique, ça serait plus compliqué. Mais ce genre d'outils peut, d'un commun accord et utilisé de manière appropriée, faciliter la vie des soignant·e·s et des patient·e·s.

LE FLÉAU DE L'ERRANCE MÉDICALE

Il y a les petits maux qui demandent juste un peu de repos (comme un rhume ou un virus de gastro non compliqué), il y a les maladies brèves qui appellent un diagnostic médical et un traitement adapté (comme une cystite, une angine bactérienne ou encore une entorse), il y a aussi les grands maux qui fichent une trouille bleue et qui sont des urgences médicales (comme un AVC, une pyélonéphrite ou encore une fracture). Il y a aussi les maladies graves comme les cancers ou encore les maladies auto-immunes, qui nécessitent une prise en charge médicale longue durée, suppléée d'un soutien psychologique lorsque cela affecte fortement la vie quotidienne et le moral…

Mais il existe aussi un autre type de symptômes : les problèmes de santé chroniques qui vont et viennent, demandent des adaptations, des tentatives de traitements, des hypothèses médicales… mais que les médecins peuvent avoir du mal à identifier au sein d'une pathologie. Il arrive alors que ton médecin généraliste n'ait pas de solutions immédiates, ou que ce qu'il a tenté pour agir sur tes symptômes ne fonctionne pas ou pas durablement. Dans ces moments-là, il va chercher où se trouve le problème : en général, il propose des bilans sanguins, des examens simples comme des échographies ou des radios, il peut aussi t'envoyer chez un·e ou plusieurs spécialistes qui vont pouvoir creuser la question avec leurs connaissances et leurs techniques spécifiques.

Quand ces investigations durent, on parle alors d'errance médicale : un terme qui fait peur et qui sent fort la solitude. Ce terme est souvent utilisé par les patient·e·s qui souhaitent pouvoir mettre un mot sur ce qu'ils·elles vivent, à défaut d'avoir un diagnostic. C'est une période qui peut être longue et difficile à cause du sentiment d'inquiétude qui s'installe. On a souvent peur d'avoir quelque chose de grave, ou tout simplement que l'on ne puisse pas être soulagé·e. Elle est là, l'errance : un voyage en tête-à-tête avec ses symptômes, comme si l'on vivait soudain avec un fantôme qui refusait de dire son nom, mais nous causait beaucoup de peur et de soucis en plus de souffrances régulières.

Une bonne dose de courage nécessaire

Si tu es en errance médicale, j'espère t'insuffler de la force. C'est terriblement douloureux de vivre avec des symptômes inexpliqués, et souvent peu, pas ou mal pris en charge. Parfois, on a l'impression que personne ne reconnaît notre souffrance, et que l'on pourrait bien crever dans notre coin. Cela met en colère, rend triste, écœure aussi. Traverser une errance médicale demande un courage immense, courage que l'on est quasiment obligé·e d'avoir, parce que personne ne va se battre à notre place pour obtenir enfin le rétablissement attendu.

Si l'errance médicale était une maladie, je te dirais que le meilleur des traitements d'appoint pour la traverser en atténuant ses symptômes, c'est le soutien. Souvent, on a du mal à le trouver auprès de nos proches, ou parfois pas de la manière dont on le souhaiterait. C'est pour cela que je conseille à toutes les personnes en errance médicale de s'appuyer sur un soutien psychologique professionnel. Voir un·e psychologue peut vraiment aider à tenir le coup, à déposer ses émotions dans un cadre qui les accueille vraiment. Cela ne peut qu'optimiser ta route vers le rétablissement : plus tu es solide et soutenu·e, plus tu peux t'engager dans ton parcours de soins et arriver à ce jour béni où l'on comprend, enfin, comment l'on va pouvoir t'aider. Les pair-aidant·e·s peuvent aussi accompagner durant l'errance médicale, beaucoup d'entre eux·elles l'ont eux·elles-mêmes vécue. Il ne faut pas non plus hésiter à demander du soutien concret aux soignant·e·s qui te suivent, notamment ton médecin généraliste : l'errance médicale est difficile, et tu peux être aidé·e pour que certaines étapes se passent mieux.

Pour ma part, j'ai déjà bénéficié d'un traitement anxiolytique pour me détendre avant des examens qui me fichaient la trouille. Aussi, ton médecin peut te proposer un arrêt de travail en fonction de la situation et de ta fatigue… On sait aussi combien il est essentiel d'être accompagné·e par ses proches dans ces moments-là. Dans le passé, j'ai vécu un moment qui m'a beaucoup touchée : dans une période particulièrement difficile, le médecin qui s'occupait de moi a proposé un arrêt de travail à mon amoureux pour qu'il soit avec moi lors de ma prise en charge. Je ne te dis pas à quel point je me suis sentie aimée, je dis souvent que c'est le plus beau cadeau qu'on m'ait fait de toute ma vie. Certains pensent que toutes ces précautions ou attentions sont de trop et entretiennent le trou de la Sécu : au contraire, mieux on est pris·e en charge, plus vite on est rétabli·e, moins ça coûte cher !

Les symptômes les plus sujets à l'errance médicale

En tête d'affiche des symptômes les plus sujets à l'errance médicale, on trouve les douleurs abdominales. L'affirmation « j'ai mal au ventre » illustre bien le flou que laisse ce genre de souffrance : le ventre, ça ne veut rien dire du tout. À l'intérieur, il y a les intestins, l'estomac, le foie, la vessie… bref, de nombreux organes auxquels peuvent s'ajouter l'utérus et les ovaires. Les maux de tête, le stress et évidemment la fatigue tardent aussi souvent à être pris au sérieux (par les soignant·e·s, mais aussi par les patient·e·s !). Ce sont des symptômes que tout le monde a déjà expérimentés, à différentes échelles, et leurs causes sont souvent inexpliquées.

Il est difficile de comparer des souffrances, voire impossible. Il peut arriver que des médecins te demandent de noter tes douleurs sur une échelle de 1 à 10, ça aide à prendre la mesure de ce que tu vis, mais il n'y a pas de méthode réellement efficace pour déceler la réalité d'une douleur. Ce qui est essentiel, c'est de savoir que souffrir n'est pas normal, et que tu es en droit de consulter avec l'attente que les douleurs cessent. Aussi, personne ne devrait nier ta douleur. Malheureusement, les causes peuvent être multiples, et nous n'avons à ce jour aucune machine miracle à diagnostic dans laquelle il suffirait de passer pour comprendre ce qui se joue. Alors, quand les facteurs comme la température ou la tension artérielle sont corrects, que l'on pousse l'investigation à un bilan sanguin simple, et que tout est dans la normale, c'est souvent là que commence l'errance médicale, tandis que les symptômes, eux, tracent leur chemin dans notre quotidien…

Est-ce que ça serait « dans la tête » ?

Quand on a des symptômes inexpliqués et que les analyses sont bonnes, il peut arriver que l'on entende comme seul et unique diagnostic : « C'est dans votre tête. » Parfois, ce ne sont même pas les soignant·e·s qui le disent, mais toi, qui tires quelques conclusions douloureuses parce que personne ne trouve pourquoi tu souffres. On cherche souvent un coupable, alors, quand les médecins n'en trouvent pas, il arrive que l'on prenne ce rôle. C'est là encore une habitude culturelle à déconstruire… Ce qui n'est pas toujours facile.

Si un médecin t'annonce que ce que tu as est « dans la tête », ne baisse pas les bras. Ce n'est pas parce qu'aucune cause biologique n'a été trouvée qu'il n'y en a pas une. Tu peux plutôt te dire que tu viens simplement d'apprendre que l'on n'a pas (encore) la solution pour te soulager. Si rien n'a été trouvé, c'est que tes analyses sont rassurantes, qu'il semble ne rien y avoir de grave.

Dans ces moments-là, il peut être très utile d'aller explorer la piste des causes psychologiques ou psychosomatiques. Et peut-être que ton médecin va te le suggérer… Prendre soin de sa santé, c'est aussi ne pas écarter cette possibilité. La santé mentale fait partie de la santé, et il arrive que l'on ressente des symptômes très physiques et éprouvants lorsque l'on est affecté·e par un trouble anxieux, par exemple. Qui plus est, l'errance médicale étant également un vecteur de souffrance, sache que tu es légitime à être accompagné·e durant cette période.

On peut toutefois se sentir très vexé·e lorsque l'on entend que ça doit être dans notre tête. On peut se sentir abandonné·e aussi. On peut se sentir tout sauf entendu·e. En fait, ce qui se joue dans cette expression est lié à la stigmatisation des troubles psychiques : parce que l'on continue à juger les personnes qui en souffrent, on se sent affecté·e lorsque quelqu'un suspecte que cela serait notre cas. Quoi qu'il en soit, il serait bon que cette expression ne soit plus utilisée…

Ça vaut le coup de se battre pour soi

J'ai couru des années (parfois des dizaines d'années) après trois diagnostics. Je me suis souvent sentie comme un chevalier de la Table ronde qui cherchait le Graal, et, de temps en temps, se demandait si cela en valait la peine. Après tout, le Graal, c'est une légende. Tout comme mes soucis de santé, souvent, j'étais la seule à y croire. J'ai dû tuer un certain nombre de dragons avant de parvenir à une forme de résolution. En médecine, on dit que je suis « rétablie ». Mes problèmes sont comme ceux de beaucoup d'autres : fluctuants, ambigus, emmêlés les uns aux autres. Mais j'ai la chance d'avoir terminé mon épopée en étant capable de poser des mots sur mes troubles et de pouvoir, enfin, cibler les traitements et les accompagnements pour arriver à ce fameux rétablissement.

Il en faut du courage pour aller explorer ses doutes. On peut avoir peur de ce que l'on va découvrir, tout autant que d'être terrorisé·e de ne trouver aucune explication. On peut se sentir déjà las·se de ne pas être écouté·e par les médecins parce que nos maux ou ressentis ne sont pas des urgences vitales, et d'entendre que tout n'est peut-être que lié au stress. On peut se sentir en défiance face à la médecine à force d'entendre des actualités qui laissent à penser qu'il est possible qu'on ne soit pas bien pris·e en charge : parce qu'il manque de l'argent, du personnel, ou encore parce que tonton Jean-Maurice t'a dit que Big Pharma dominait le monde et que l'on était tous·toutes des pigeons. On peut se sentir vexé·e à l'idée d'aller consulter un psy, parce qu'on n'est pas fou·folle, ou qu'on juge qu'on n'en est quand même pas là. On peut se dire que tout cela n'est pas si grave, même si ça fait des mois que ça dure. On peut penser qu'on est trop usé·e pour se battre pour ça. Oui, on peut. C'est humain. Et si c'est ton cas, je compatis sincèrement. Cependant, cela vaut vraiment le coup de se battre. Tu en vaux la peine !

LES MÉDECINS SONT DES HUMAINS FAILLIBLES, COMME TOI ET MOI

Comme je te l'ai raconté, j'ai mis longtemps à avoir accès aux trois diagnostics dont j'avais besoin pour être prise en charge : trouble du spectre de l'autisme (seulement à trente-cinq ans), syndrome post-traumatique (douze ans après le traumatisme), adénome hypophysaire (au bout de onze ans environ d'après les conclusions de mon endocrinologue). Les problèmes ont commencé tôt et avaient comme points communs ces trois maux : fatigue, maux de ventre et anxiété.

Si cela a été très long, c'est sans doute parce que mon cas était un peu complexe, et que l'on ne pourra jamais attribuer spécifiquement mes symptômes à l'un de mes troubles (un seul pouvait tous les expliquer, mais il fallait déceler et s'occuper des trois pour que j'accède au rétablissement).

Cependant, il est vrai que mon errance aurait pu être écourtée si quelques médecins n'avaient pas commis plusieurs erreurs :

- J'ai fait face à un médecin généraliste qui n'a pas pris le temps de m'écouter vraiment et a diagnostiqué en quelques minutes une dépression au lieu de reconnaître un syndrome de stress post-traumatique et de m'aiguiller vers une thérapie vraiment adaptée. Cinq années de perdues entre le moment où j'ai réussi à aller parler à quelqu'un et ma prise en charge.
- Un psychiatre avait décelé mon trouble du spectre de l'autisme, mais avait fait le choix de ne pas m'en parler. Il avait la croyance que cela ne servait à rien : lourde erreur. Douze années de perdues entre le moment où un professionnel de santé a (enfin) repéré le trouble (présent depuis ma naissance) et celui où il a été dépisté à ma demande après beaucoup de questionnements et de doutes. Après cela, j'ai mis seulement deux semaines avant de ressentir un début d'amélioration dans mon quotidien grâce à la prise en charge qui a suivi.
- En ce qui concerne l'adénome hypophysaire, c'est presque encore plus rageant. Une généraliste qui m'a tant aidée, accueillie et soutenue est toutefois à l'origine d'une longue errance pour rien : lors d'un bilan sanguin, elle n'a pas fait tester l'hormone qui aurait pu montrer l'anomalie recherchée. C'était une erreur d'inattention, un oubli. Neuf années plus tard, elle a refait le même bilan sans l'omettre, et là, surprise. Quelques analyses et une IRM[14] plus tard, on comprenait enfin ce qu'il m'arrivait.

Les injustices, ce n'est vraiment pas ce que je préfère manger au petit déjeuner. Mais depuis que je suis rétablie, j'arrive à relativiser tout ça. Je préfère désormais confier ma santé mentale à des

14. Imagerie par résonance magnétique.

spécialistes du sujet, quitte à demander plusieurs avis (une habitude qui n'est pas mauvaise, notamment quand il s'agit de diagnostiquer un trouble psychique !). Je garde en tête que même la plus sympathique des soignantes peut faire une erreur d'inattention. J'ai pu faire tomber le mythe du médecin de son piédestal, et cela me rend service, car je me sens plus à l'aise pour dialoguer avec les soignant·e·s.

Notre système de santé est lui aussi malade

As-tu déjà réfléchi au fait que les difficultés et les déséquilibres présents dans notre société avaient un impact sur la manière dont on est soigné·e ? Les personnes vivant dans la précarité, et d'autant plus en cas de grande précarité, sont davantage disposées à développer des troubles psychiques[15]. De nombreux métiers offrent des conditions de travail pouvant mener à l'épuisement professionnel ou au burn-out. Le fait que l'on évolue dans une société stigmatisante envers les personnes ayant des besoins spécifiques et des difficultés retarde les demandes de prise en charge. Cela peut conduire à de très mauvais réflexes, comme celui de se pousser à bout au lieu d'avoir une aide efficace dès le départ. Ainsi, les personnes développent des pathologies plus avancées et ont besoin de soins d'urgence. Cela coûte plus cher au système de santé et épuise le personnel médical.

Il y a une réalité qu'il faut absolument garder en conscience : les personnes vivant des discriminations auront davantage de mal à recevoir une prise en charge adaptée, efficace, et rapide. Les discriminations viennent avec leur lot de précarité : on accède moins facilement à un emploi, et notamment aux emplois à salaire élevé, à une habitation, et à une tonne de services dont ceux qui ne souffrent pas de discriminations ne peuvent même

15. Voir *Grande précarité et troubles psychiques*, note de cadrage du 7 septembre 2021 de la Haute Autorité de Santé.

pas imaginer se passer. Une personne racisée a beaucoup moins de chances de trouver un covoiturage qu'une personne blanche. Une personne avec un handicap physique, mental ou psychique, doit souvent faire des choix de vie en fonction de sa condition bien davantage que de ses envies. Être né·e dans un milieu social défavorisé t'ouvre beaucoup moins de portes. Tout ce qui rend la vie plus difficile augmente le risque d'avoir besoin de soins pour sa santé physique et/ou mentale.

Aussi, les discriminations ne disparaissent pas une fois que l'on entre dans un cabinet médical. Toutes les prises en charge ne sont pas remboursées, et même si la Couverture Mutuelle Universelle (CMU) existe, de nombreux soins restent inaccessibles : je pense notamment à l'accès à des spécialistes réputé·e·s, ou encore au simple fait de pouvoir bénéficier de l'aide d'un·e psychologue. L'État travaille à mettre en place un système pour un accès gratuit aux services des psychologues : cela reste actuellement davantage une béquille un peu bancale qu'une prise en charge sereine. Peu de psychologues y participent, pour des raisons économiquement très valables, et l'accès est limité à un nombre de séances qui peut être insuffisant selon les cas.

En France, nous avons la chance d'avoir un modèle sanitaire avec un système d'assurance maladie que beaucoup de personnes nous envient. Malheureusement, celui-ci est en souffrance à cause d'un flagrant manque de moyens et de personnel. Les soignant·e·s sont à bout, les hôpitaux en surcharge et les prises en charge en pâtissent. L'errance médicale et les difficultés à accéder à des soins dans un cadre serein, bienveillant et sécurisant trouvent aussi leur source dans ces problèmes systémiques.

En somme, la réalité sociale de notre système de santé engendre du stress supplémentaire pour les malades, ajoutant des nœuds à leurs problèmes : difficultés à trouver un médecin disponible, à avoir le temps et l'écoute nécessaires lors d'une consultation, à accéder à des analyses qui ne seraient pas considérées comme étant prioritaires, voire à des soins qui, parce que l'hôpital est en difficulté, sont planifiés tardivement. Aussi, beaucoup de patient·e·s se plaignent d'un accueil qui manque d'humanité, et dans cet environnement naissent des contextes favorables à l'apparition de maltraitance ou de violences médicales.

Les violences sexistes dans le milieu médical

Le secteur médical n'a pas échappé à la vague de libération de la parole. Elle y a même commencé avant l'éclosion du mouvement #metoo, via de nombreux cris lancés contre les violences gynécologiques. Ces problèmes ne sont pas dus à des manques de moyens dans le secteur de la santé, mais plutôt au sexisme et à l'hégémonie de la pensée patriarcale. Pour te donner un exemple, de nombreux gynécologues-obstétriciens avaient l'habitude de recoudre les femmes venant d'accoucher et ayant subi une épisiotomie (une incision pour élargir le passage pour la sortie du nouveau-né) en ajoutant un point de suture supplémentaire. Cette pratique s'appelait « le point du mari », et était destinée à rendre l'orifice vaginal plus étroit qu'il ne l'était avant l'accouchement pour que « le mari » ait davantage de plaisir durant les rapports. Et évidemment, le consentement de la patiente n'était pas requis… On revient de très loin. De nos jours, des initiatives ont cours contre les violences faites aux femmes dans les services gynécologiques et les soignant·e·s peuvent recevoir des formations. Ce n'est pas encore généralisé, malheureusement, mais ces nouveaux enseignements se répandent et nous pouvons espérer que les choses changent. Cependant, tout ce passif peut augmenter les peurs et la méfiance face au milieu médical.

L'ENGAGEMENT DE MARTIN WINCKLER

Martin Winckler, médecin et écrivain, a dénoncé de nombreux comportements dans ses ouvrages, qu'ils soient théoriques comme *Les Brutes en blanc*[16], à visée éducative comme *C'est mon corps*[17], ou encore fictionnels comme dans son magnifique roman *Le chœur des femmes*[18]. Sur son blog, il a également écrit de nombreux articles pour informer les femmes sur leurs droits et a répondu à des questions d'ordre médical sur les règles, la contraception ou encore l'avortement. S'il a dérangé pas mal de monde dans le milieu médical, tel un cheval de Troie, il a grandement contribué à l'émancipation des femmes dans leur parcours de soins en leur partageant des savoirs qui, jusque-là, étaient réservés aux soignant·e·s. Si tu aimes les utopies, les histoires projetées dans un monde différent du nôtre, je te conseille également son roman *L'École des soignantes*[19] où il a inventé un modèle hospitalier qui en ferait rêver plus d'une !

Le sexisme s'est niché dans la prise en charge des femmes : encore aujourd'hui, il faut souvent élever la voix pour obtenir des soins contre les douleurs de règles, et affirmer que non, souffrir n'est pas normal. On colle également bien trop souvent la faute au stress quand des femmes ont des soucis de santé. Les préjugés, eux aussi, continuent à polluer les prises en charge. L'accès à l'interruption volontaire de grossesse sans jugement moralisateur et dans de bonnes conditions n'est pas encore un acquis. Ce n'est pas encore non plus le cas pour l'acceptation sans condition d'une demande de ligature de trompes, encore très régulièrement refusée, les praticiens décidant encore trop souvent à la place des patientes qu'elles ne doivent pas le faire car elles vont le regretter sans pouvoir changer d'avis.

16. Flammarion, 2016.
17. L'Iconoclaste, 2020.
18. P.O.L., 2009.
19. P.O.L., 2019.

C'est infantilisant : une fois qu'on lui a présenté les risques d'une intervention, une femme devrait être librement responsable de ses choix, comme tout autre être humain.

Quant au traitement des femmes racisées, les témoignages qui m'ont été rapportés sont édifiants, comme ces paroles entendues et subies : « Pas besoin de péridurale pour les Asiatiques, elles supportent la douleur » ou encore « les Africaines crient pour rien ». Un mythe circule toujours sur le fait qu'on ne peut pas faire de prises de sang de la même manière à une personne noire parce qu'elle aurait la peau plus dure. C'est du racisme, et c'est de la violence.

Et je ne compte plus non plus les témoignages que l'on peut lire au sujet de femmes homosexuelles ou bisexuelles à qui l'on a dit, lors de soins psychologiques ou lors d'une demande de procréation médicalement assistée (PMA), que c'est parce qu'elles avaient un problème à régler avec les hommes qu'elles étaient en couple avec d'autres femmes. Et il est encore très difficile pour les personnes transsexuelles de trouver des soignant·e·s qui s'occupent d'elles sans jugement : cela peut les retenir de consulter parce que c'est trop douloureux.

Les mots de Morgane, en errance médicale, adressés aux soignant·e·s :

« Une chose est sûre : je ne viens pas en tant que Toute - Sachante, je viens parce que je souffre.

Et j'ai besoin de toi.

Alors, s'il te plaît, soignant·e : écoute-moi, accepte que je puisse proposer quelque chose, étudie-le avec moi, explique-moi là où je me trompe, là où on peut essayer et confirmons-le ensemble.

Juste, arrête de minimiser, banaliser, infantiliser, râler, envoyer chier, blâmer, ignorer, dédaigner, repousser… toute initiative que je tente pour vivre mieux.

Cher·e soignant·e, un petit rappel : l'errance médicale est une souffrance au carré de celles qu'on endure déjà au quotidien. »

MA RECO

Sur le site Internet https://gynandco.wordpress.com/, tu trouveras une liste de soignant·e·s féministes, élaborée par des patientes. Cette liste n'est pas exhaustive, et il est toujours possible que tu ne te sentes pas à l'aise avec une personne recommandée parce que nous sommes toutes différentes… Mais cela peut te rassurer de savoir où prendre rendez-vous si, par exemple, tu souhaites que l'on te pose un dispositif intra-utérin (celui qu'on appelait avant le stérilet) alors que tu n'as jamais eu d'enfant sans prendre le risque d'un refus.

VERS UNE RELATION PATIENT·E/ SOIGNANT·E ÉGALITAIRE

Il est très difficile de se sentir sur un pied d'égalité avec son médecin. Nous avons un biais culturel fort : une vision du médecin qui fait autorité, à qui l'on doit se soumettre et ne pas s'opposer. Moi, tu le sais, j'ai un trouble du spectre de l'autisme et les biais culturels, je ne les comprends pas toujours. Dans ma tête, je ne vois pas de différence entre demander de l'aide à un plombier ou à un médecin, ce sont tous les deux des professionnels qui me permettent de résoudre un problème pour lequel je n'ai pas la solution car ce n'est pas mon métier.

Moi, avec mes médecins, j'ai envie de me sentir aussi à l'aise qu'avec mon plombier, sans chichis. Mais la différence, c'est que j'ai beaucoup moins d'appréhension quand il s'agit de réparer la tuyauterie de mon appartement que celle que j'ai à l'intérieur de moi. Cela a beaucoup plus d'importance parce que lorsque je demande l'aide d'un médecin, c'est que je suis en souffrance. Alors oui, moi aussi, il m'est arrivé de ravaler ma salive en entendant une remarque déplaisante parce que je ne voulais pas prendre le risque de fâcher mon médecin et que ça influence mes soins.

Cependant, lors de mes nombreuses aventures médicales, j'ai expérimenté et appris énormément de choses pour inventer une relation patient·e/médecin la plus égalitaire possible. Et voici mes astuces :

→ Connaître ses droits

En tant que patient·e, on a des droits, et beaucoup de personnes manquent d'informations à ce sujet. Le **consentement** est requis pour tout acte médical (examen, médication...), et l'on peut refuser ou demander un délai de réflexion (qui peut être vraiment nécessaire pour que tout se passe au mieux, parfois). Certes, il existe des hospitalisations qui sont faites sous contrainte, à la demande d'un·e tiers, mais cela n'arrive que dans les cas où l'on peut être un danger pour soi-même et/ou les autres. Dans tous les autres cas, qui sont grandement majoritaires, si tu n'es pas à l'aise avec les protocoles que l'on te propose, tu es en droit de les refuser ou de chercher avec ton médecin de la réassurance ou des solutions alternatives.

Tu as aussi le droit de **changer de médecin** si tu n'es pas à l'aise : il y a certaines circonstances où cela ne sert à rien de prendre sur toi, et où cela peut même être dangereux pour toi. Si un être humain exerce des pressions sur toi, utilise sa position et ta vulnérabilité, dépasse le cadre de sa profession en ayant des comportements déplacés ou ambigus, qu'il soit médecin ou non, l'essentiel c'est de te protéger. La loi s'applique aux soignant·e·s, comme à toute personne, et **les violences sexuelles, sexistes, psychologiques, les attouchements, le harcèlement sont passibles de poursuites et condamnables**. Il en va de même pour les propos racistes, homophobes, transphobes ou toute marque humiliante. Tu es en droit, selon le contexte, de déposer une plainte en gendarmerie, et/ou d'informer l'Ordre des médecins de tout comportement répréhensible.

De plus, les patient·e·s ont également **un droit à la pudeur**, et tu peux demander à ne pas être entièrement nu·e lors d'un examen gynécologique. Il est tout à fait possible d'examiner en deux temps la sphère génitale et la poitrine. Aussi, n'oublie pas que s'il n'y a pas de symptôme à soigner ou de dépistage à effectuer, il n'est pas nécessaire de faire un examen gynécologique. Tu as le droit de te déshabiller dans un endroit à l'abri des regards. Et tu peux tout à fait demander que ce soit toi qui insères le spéculum, l'outil que l'on utilise pour pouvoir examiner l'intérieur du vagin et le col de l'utérus.

➜ Exprimer ce que l'on ressent

Souvent, les patient·e·s ne se sentent pas assez écouté·e·s. Et il arrive que le problème ne vienne pas des capacités d'écoute des soignant·e·s[20], mais du fait que les temps d'écoute ne font pas toujours partie des consultations. Face à cela, j'ai un plan à te proposer !

1. **Si lors d'une consultation quelque chose n'est pas clair pour toi, dis-le sans attendre**. Rentrer chez toi pour chercher la réponse à tes questions sur Internet est rarement une bonne idée. Le·la soignant·e pourra sûrement te donner les explications attendues pour t'aider à comprendre.
2. **Si tu as envie de pleurer, si la pression accumulée déborde, ne te retiens pas.** Il est important que le·la soignant·e se rende compte de tes difficultés et du degré de stress dans lequel tu te trouves. C'est une information qu'il·elle doit prendre en compte pour t'aider à te rétablir.
3. **Essaie de ne pas prendre la mouche** (je sais, ce n'est pas facile), quand un·e soignant·e qui n'a aucune spécialité en prise en charge de la santé mentale te conseille d'aller parler à un·e collègue. Parfois, les soignant·e·s le disent maladroitement : « Vous devriez voir un·e psy » peut être brutal à entendre. Entre les lignes, sache que ce qu'il·elle te dit peut globalement être traduit par : « Je vois votre détresse, mais moi je suis spécialisé·e en gastro-entérologie alors je suis complètement démuni·e… Je ne sais pas comment vous aider, mais je sais que mes confrères·sœurs pourront le faire. Il est nécessaire de prendre aussi en charge ce volet de votre santé, cela vous aidera également à guérir plus vite des problématiques que nous traitons ensemble. » Je sais, dans la réalité, on en est souvent loin… Mais je crois qu'il est vraiment mieux de ne pas attendre des

20. Il existe toutefois des soignant·e·s avec qui il semble strictement impossible de discuter, et je ne le nie pas.

spécialistes qu'ils aient les compétences de communication d'un·e psychothérapeute. C'est un métier, et si ce n'est pas celui de ton tonton Jean-Maurice, ce n'est pas non plus celui de ton urologue.

4. **Si tu as des peurs ou des besoins spécifiques, n'hésite pas à en informer tes soignant·e·s.** Ce n'est pas toujours facile à faire, mais en général ça amène à une prise en charge beaucoup plus rassurante pour toi.

De mon côté, lorsque je vois un·e nouveau·elle soignant·e, je pense à l'informer que j'ai vécu des violences sexuelles dans le passé. J'ai remarqué qu'il y avait bien davantage de précautions prises ensuite. Inutile toutefois de trop t'étendre sur le sujet (l'information suffit, sans détail, sans justification), et tu n'es pas obligé·e d'en informer tout le monde (personnellement, je n'ai pas besoin de donner cette information à mon ophtalmologiste, mais certaines personnes qui sont encore en état de stress post-traumatique peuvent tout à fait souffrir d'un toucher, peu importe lequel). Quand je tiens à préciser mon besoin de clarté, j'annonce que j'ai un trouble du spectre de l'autisme et que je comprends mieux si l'on me montre un schéma plutôt que si l'on m'explique par des mots.

Le·la soignant·e devrait prendre ça en compte : il faut parfois faire preuve d'assertivité pour t'exprimer et informer l'autre. Si c'est compliqué pour toi, tu peux demander à un·e proche ou à un·e pair-aidant·e de t'accompagner, il·elle pourra t'aider à faire entendre tes besoins.

➜ Appliquer le principe de charité

On appelle « principe de charité » une méthode fondée par deux philosophes, Quine et Davidson, qui consiste à se placer avec empathie en face d'un·e interlocuteur·rice qui ne penserait pas comme nous et à essayer de le·la comprendre. Je crois que c'est un principe essentiel à utiliser dans la relation patient·e/soignant·e… des deux côtés !

Le médecin a clairement besoin de l'utiliser pour réussir à te soigner le plus efficacement possible… Notamment pour mieux comprendre comment tu vis tes souffrances, ou encore pourquoi tu aurais des freins à consulter, ou à prendre un traitement (ce qui est peut-être la routine chez lui·elle est de l'ordre de la nouveauté ou de l'exception chez toi). C'est aussi un excellent moyen de soigner sans se laisser parasiter par ses propres croyances.

Pour le·la patient·e, cela lui permet de mieux réagir face aux manquements ou maladresses dont pourrait faire preuve un·e soignant·e. Je me souviens d'une séance avec une psychologue où j'avais vraiment l'impression qu'elle n'en avait rien à faire de ce que je lui racontais… La séance suivante, elle m'a confié qu'elle avait été opérée peu de temps avant et qu'elle avait sûrement repris le travail trop tôt, qu'elle était désolée si son manque de concentration s'était fait sentir. Depuis, j'essaie d'être moins intransigeante avec les soignant·e·s à qui je fais appel, surtout si un malaise n'arrive qu'une seule fois… Je me rappelle que ce sont, eux·elles aussi, de simples êtres humains avec leurs fluctuations, journées difficiles et croyances. Et souvent, on peut en discuter et améliorer l'alliance thérapeutique en conséquence.

➜ Demander des clefs de compréhension

Ce n'est pas parce qu'on n'a pas fait d'études de médecine que l'on devrait accepter de ne rien comprendre à ce qu'il nous arrive et de faire simplement confiance à son médecin. Comprendre peut aider énormément, d'autant plus si nos difficultés durent dans le temps. Savoir comment se déroule un examen, à quoi il sert, peut nous permettre de nous préparer. Poser des questions sur le fonctionnement d'un traitement peut nous rassurer et nous aider à voir pourquoi il est utile de le prendre. Comprendre comment se manifeste un trouble récurrent chez nous, qu'il soit physique ou psychique, peut très efficacement nous permettre d'améliorer notre quotidien en l'aménageant en fonction de nos besoins.

Tu peux parler de tout cela avec ton médecin, et si tu lui dis que c'est pour éviter de tomber sur de fausses informations qui circulent sur Internet, il sera d'autant plus réceptif à ta demande. Il peut aussi te renseigner sur les ressources d'auto-aide que tu peux avoir à disposition, comme des groupes de pairs ou de parole, des livres qui contiendraient des informations vérifiées… C'est ton corps, ta tête, et tu as le droit de comprendre ce qu'il t'arrive et comment on te soigne.

MA RECO

Dans *C'est mon corps* de Martin Winckler (L'Iconoclaste, 2020), tu trouveras « toutes les questions que se posent les femmes sur leur santé », comme l'indique le sous-titre du livre. C'est un excellent ouvrage de vulgarisation médicale, aux informations claires, qui te permettra également de pouvoir échanger avec les soignant·e·s plus facilement quand tu feras appel à eux·elles.

De beaux moments, puissants et touchants, dans le parcours de soins

Maintenant que l'on a passé en revue toutes les difficultés du parcours de soins, il serait bon de ne pas oublier qu'un·e soignant.e peut t'apporter du soulagement, de la compréhension, des solutions. C'est un métier magnifique, qui m'a l'air bien difficile, mais qui est tellement utile et précieux ! Je remercie très fort tous·toutes les soignant·e·s qui m'ont aidée : sans eux·elles, je ne serais pas une patiente rétablie aujourd'hui. À ceux·celles qui ont fait de mon parcours de soins un travail d'équipe, j'envoie mes plus douces pensées et beaucoup de gratitude !

➔ Dialogue constructif chez ma gynécologue

Un jour, je suis allée voir pour la première fois une gynécologue que l'on m'avait conseillée. J'avais dans l'idée de lui demander la pose d'un dispositif intra-utérin (DIU), mais je craignais d'avoir mal. J'avais lu de nombreux témoignages sur la douleur que peut provoquer l'utilisation des pinces de Pozzi, celles que les gynécologues utilisent pour écarter le col de l'utérus. J'avais aussi appris que l'on pouvait poser des DIU sans ces fameuses pinces.

À peine installée, j'annonce à la gynécologue que je viens pour une contraception et que j'aimerais parler du DIU. Je lui dis aussi sans attendre que j'ai vécu dans le passé des violences sexuelles et que, même si j'ai bénéficié d'une aide très efficace pour sortir d'un syndrome post-traumatique, je n'ai pas pour autant envie d'avoir mal et surtout pas à cet endroit. Alors je lui demande si elle peut poser un stérilet sans pince de Pozzi. Au départ, elle me regarde un peu interloquée, et me répond qu'elle a toujours fait avec. Et je lui dis, très calmement et sans jugement, qu'il existe une autre méthode appelée « méthode de la torpille » et qu'apparemment ça fonctionne tout aussi bien. Elle me répond qu'elle ne connaît pas, mais qu'elle peut se renseigner.

Je crois qu'à cet instant, nous avons toutes deux appliqué le fameux principe de charité pour qu'aucune de nous ne se sente jugée. Au rendez-vous suivant, elle m'informe qu'après avoir fait des recherches, elle veut bien essayer. Et elle me propose que l'on tente le coup, et que si c'est trop compliqué (pour elle, pour moi), on laisse tomber. Elle me dit qu'elle a bien entendu que j'appréhendais la pose des pinces de Pozzi et qu'elle ne veut pas m'infliger ça, qu'il existe d'autres moyens de contraception le cas échéant.

Ma grande sensibilité a fait que, finalement, je me suis rendu compte au moment où elle essayait simplement de mesurer mon utérus avec un instrument adapté que c'était déjà trop pour moi, et je lui ai signalé que je préférais arrêter là. J'ai été entendue, respectée, et nous avons dialogué. Petite anecdote : cette même gynécologue a plusieurs commentaires négatifs sur Internet indiquant qu'elle n'écoute pas et expédie ses patientes. C'est aussi très intéressant d'aller lire les commentaires sur les soignant·e·s que l'on apprécie, ça nous permet de relativiser… Le·la bon·ne soignant·e de l'un·e n'est pas toujours celui·celle de l'autre, et vice versa.

→ Un parcours dédié aux femmes ayant vécu des violences dans un centre obstétrique

En périphérie de la ville où je vis, il existe un hôpital accueillant des patientes pour des soins concernant les domaines gynécologique et obstétrique. En son sein s'est développé un programme destiné à l'aide, au soutien et au soin des femmes ayant vécu des violences.

Après s'être rendu compte que de nombreuses femmes souffraient particulièrement de leur vécu traumatique en périnatalité, une formidable équipe a mis en place ce programme. Les femmes qui y sont accueillies bénéficient de temps d'écoute, de soutien psychologique et de la présence bienveillante de la coordinatrice du programme, qui explique chaque étape, chaque geste, propose sa main à tenir lors d'examens gynécologiques et recueille les larmes qui peuvent parfois couler. Tout le personnel a été formé aux conséquences des violences faites aux femmes et à la pratique du consentement dans le parcours de soins.

Lorsque je m'y suis rendue, j'ai été touchée par une petite chose qui n'était finalement pas qu'un simple détail : un questionnaire à remplir en amont d'une consultation pour y déposer nos craintes, nos difficultés, nos demandes particulières... L'accueil qui y est déployé m'a redonné confiance dans les soignant·e·s à une époque où je n'en avais plus beaucoup, choquée par certaines précédentes consultations qui s'étaient mal passées. Les relations avec les soignant·e·s, sache-le, peuvent vraiment se réparer.

➜ Dire à sa psy qu'on n'a pas aimé quelque chose, c'est possible !

Lors de mon errance médicale, j'ai frôlé de près des dérives thérapeutiques. J'ai eu du mal à refaire confiance à un.e thérapeute ensuite. J'étais heureuse d'avoir réussi à consulter à nouveau une psychologue clinicienne qui semblait me convenir. Et puis un jour, alors que je parlais d'une personne proche pour qui je m'inquiétais, j'ai été troublée par l'une de ses réactions. Elle m'a dit : « C'est son chemin. » Je me suis recroquevillée dans ma coquille, suis rentrée chez moi, et n'ai plus eu envie de prendre rendez-vous, même quand j'en avais besoin.

Cette petite phrase me rappelait tout ce que j'avais pu entendre dans la spiritualité new age, l'idée que l'on ait un chemin à parcourir et que les épreuves sont là pour nous faire évoluer vers qui l'on est, ou plutôt qui l'on devrait être. C'était pour moi très difficile d'entendre à nouveau ces mots qui m'avaient fait beaucoup de mal dans le passé. Sur le coup, je n'ai pas réussi à le lui dire. J'ai réagi comme quelqu'un qui fait face à un potentiel danger, et opté pour une stratégie de fuite.

Quelques mois plus tard, j'ai réussi à lui écrire pour lui expliquer ce que j'avais ressenti. Elle m'a répondu, rassurante, et j'ai pu comprendre que j'avais entendu mille croyances derrière ses mots alors qu'elle ne les partageait pas. J'ai pu retourner la consulter quand j'avais besoin de déposer des émotions que j'avais du mal à évacuer, elle est vraiment efficace pour aider dans ces moments-là.

Je me souviens ensuite de deux paroles entendues de sa part qui, cette fois, m'ont fait l'effet d'un grand plaisir : « Merci de votre confiance, je suis touchée que vous m'ayez parlé de tout cela, c'était vraiment bien que l'on puisse discuter de ce qu'il s'était passé », et une autre fois : « Mais Marie, ces histoires de karma qu'on doit payer, c'est de la connerie ! ». Moralité, on est souvent vulnérable quand on consulte, et il y a des mots que l'on peut surinterpréter : en discuter, ça aide, vraiment. Ce n'est pas toujours ce que l'on croit !

➜ Mon endocrinologue pense que je suis scientifique et ça m'amuse tellement que je ne le contredis pas

J'ai été suivie en endocrinologie par un médecin que j'ai vu régulièrement pendant deux ans. J'ai appliqué les conseils que je t'ai donnés plus haut lors de nos échanges : l'endocrinologie et ses traitements, c'est complexe, et moi j'avais besoin de comprendre. J'ai eu des informations grâce à des pairs, des femmes qui avaient traversé la même maladie, et puis, il y avait tout de même des points qui restaient flous. Alors, je lui ai posé beaucoup de questions, et comme il est passionné par son métier, il m'a même parlé de ses recherches et de certaines études en cours. Étant devenue familière du vocabulaire médical, je crois que ma façon de rebondir sur ce qu'il me disait lui avait laissé à penser que j'étais du métier. Un jour, il m'a dit après l'une de mes questions « ah oui, c'est vrai, vous êtes scientifique ! », puis il est rentré dans ses explications.

Le plus amusant dans tout ça, c'est qu'à cette époque, je m'étais prise de passion pour l'astrologie, qui est mille fois plus un poème qu'une science. J'en ai même écrit un livre[21] alors que j'étais sous

21. *L'astrologie miroir*, Marie Sélène, Marabout, 2020. Attention, l'astrologie est utilisée par de nombreux praticiens new age actuellement sous le viseur de l'organisme ministériel de lutte contre les dérives sectaires (Miviludes). Ne prends pas cette information à la légère, protège-toi, et si le sujet t'intéresse, prends bien soin qu'il ne reste qu'un loisir et non pas un moyen d'aller bien.

traitement… Je ne lui ai jamais dit, parce que j'adorais qu'il pense que j'étais scientifique. Je crois que ce qu'il a perçu, c'était mon engagement et mon envie de créer des ponts entre les savoirs des médecins et ceux de leurs patient·e·s. Finalement, ce n'est pas pour rien que je suis devenue pair-aidante en rétablissement ! Il n'avait pas totalement tort de me considérer comme une potentielle collègue…

Après t'avoir raconté ces beaux et puissants souvenirs, je t'emmène dans une branche du milieu de la santé qui fait encore peur à beaucoup trop de monde et qui est sujette à énormément de stigmatisations : la psy !

Les psys, c'est pas pour les fous !

Si tu n'as jamais consulté un psy, peut-être n'as-tu vraiment pas envie d'essayer et ce, même si tu en as besoin. La stigmatisation persistante autour des troubles psychiques est un réel obstacle aux prises en charge. On pense que les psys, c'est pour les fous·folles, comme si le monde était séparé entre les gens qui n'avaient pas de problèmes et des personnes dépossédées de tout sens de la réalité qu'il faudrait enfermer. On imagine que si l'on est diagnostiqué·e d'un trouble psychique, on va finir en asile avec un pyjama attaché dans le dos avec pour seuls compagnons des murs capitonnés, que l'on va être traité·e comme une personne dangereuse. D'autres font l'amalgame entre les troubles psychiques et les troubles mentaux… Moi-même, quand je parle de mon trouble du spectre de l'autisme, les deux réactions les plus courantes sont soit de se mettre à me parler comme si j'étais débile, soit de réfuter immédiatement le diagnostic parce que je n'ai pas « l'air autiste ». Nous avons une représentation faussée des troubles psychiques, et tu peux compter sur moi pour donner un grand coup de pied dans la fourmilière de la psychophobie dans cette partie !

C'est quoi la psychophobie ?

La psychophobie est la stigmatisation, les préjugés et les jugements de valeur autour des troubles psychiques. On fait preuve de psychophobie quand on souhaite se distinguer des personnes en souffrance psychique, comme pour montrer que nous, ça ne nous arriverait sûrement pas ! C'est aussi une pensée psychophobe que de juger que les thérapies ne servent à rien, ou sont réservées aux faibles. Être psychophobe, c'est croire qu'il suffit de se remuer, de prendre sur soi et de faire un effort pour se rétablir d'un trouble psychique. C'est aussi juger les traitements médicamenteux dont on peut avoir besoin. On est psychophobe quand on affirme qu'une personne en arrêt maladie pour dépression prend du temps pour se reposer et que l'on aimerait bien faire pareil ! À mes yeux, la psychiatrie, c'est la science de la santé mentale, pas l'image d'Épinal des asiles psychiatriques tels que l'on se les représente dans la culture populaire. Toi aussi, essaie de changer ton regard sur les troubles psychiques !

MA RECO

Regarde la vidéo « Et toi, ça va ? »[22] de la fondation Pierre Deniker sur la dépression. Elle est disponible gratuitement sur YouTube. On y écoute un homme qui nous parle de sa dépression au quotidien, et on assiste ensuite à un repas de famille où il est entouré de certaines personnes qui stigmatisent les troubles psychiques. C'est une vidéo à faire circuler, elle est vraiment utile pour développer de l'empathie envers les troubles psychiques et notamment la dépression.

Aux aidant·e·s

Vous aussi, regardez la vidéo « Et toi, ça va ? » de la fondation Pierre Deniker. Vraiment, s'il vous plaît, regardez-la. Et quand vous aurez identifié le personnage qui porte une salopette, dites-vous que c'est exactement ce qu'il ne faut pas dire à une personne en dépression.

22. https://www.youtube.com/watch?v=2YR8J1xqDNs

C'EST QUOI UN·E « PSY » ?

Le terme « psy » est un raccourci que l'on utilise pour parler de nombreux métiers qui sont pourtant bien différents. Certains sont réglementés, encadrés et exigent des qualifications solides en psychologie… et d'autres ne le sont pas ! On confond trop facilement les différents « psys » alors qu'ils ne font pas le même métier[23]. Sauras-tu les retrouver ?

➜ Psychiatre

C'est un·e docteur·e en médecine qui s'est spécialisé·e en psychiatrie (soit six ans d'études en tronc commun de médecine + quatre ans d'études spécialisées en psychiatrie et obtention du diplôme d'État en médecine). C'est le·la seul·e « psy » à être habilité·e à poser un diagnostic, ainsi qu'à pouvoir prescrire des médicaments. Le·la psychiatre ne fait pas forcément de psychothérapie. Il·elle peut exercer à l'hôpital ou en libéral. S'il·elle travaille en libéral, son cabinet ressemble à celui de n'importe quel médecin, mis à part qu'il y a souvent moins de monde en salle d'attente, et pas forcément de secrétariat.

➜ Psychologue

C'est un·e professionnel·le diplômé·e d'une Licence, puis d'un Master (bac +5) mention psychologie (comprenant un mémoire de recherche et des stages professionnels). Il y a différentes spécialités (psychologie clinique, neuropsychologie, psychologie sociale, psychologie du travail…). Être psychologue ne veut pas forcément dire être psychothérapeute.

---

23. Nous aborderons plus en détail dans le chapitre 4 les différences qu'il y a entre les « psy » exerçant dans un cadre réglementé et les différents thérapeutes et praticiens.

➜ Psychothérapeute

C'est un titre réglementé (depuis 2010) qui encadre les professionnel·le·s de la psychothérapie (une méthode de soin des troubles psychiques par des techniques basées sur la psychologie). On peut être psychothérapeute sans être médecin ou psychologue, ceux·celles qui en ont le titre ont toutefois pu justifier d'une formation théorique agréée, validée par un Master 2 et complétée par un stage pratique.

➜ ~~Psychanalyste~~

C'est un titre non encadré par un diplôme d'État. C'est une méthode basée sur le travail de Freud ou de ses successeurs comme Lacan. On peut devenir psychanalyste en faisant simplement soi-même une psychanalyse. Cette pratique n'est pas une discipline médicale ou basée sur la psychologie scientifique, cependant sache que des psychologues et des psychiatres peuvent utiliser une orientation psychanalytique dans leur prise en charge. C'est sur la base de cette thérapie que s'est créé le cliché du divan : on imagine, à tort, que voir un psy c'est forcément s'allonger sur un divan pour parler de soi (à un psy que l'on ne voit pas et qui fait peut-être des sudokus ou une sieste), et ce, lors d'une thérapie qui durera des années. En vérité, il existe de nombreux psychanalystes qui n'utilisent plus de divan, mais dont les séances se déroulent face à face.

➜ ~~Psychopraticien·ne~~

C'est un terme que l'on découvre depuis peu, notamment via la recrudescence des thérapies alternatives. Un·e psychopraticien·ne n'est pas reconnu·e comme étant apte à faire des psychothérapies (sinon, il·elle aurait écrit « psychothérapeute » sur la petite plaque dorée qui scintille peut-être sur son immeuble). Il·elle utilise des techniques davantage liées au développement personnel qu'à la psychologie, dont beaucoup n'ont pas obtenu de validations scientifiques. Elles peuvent être utiles et pertinentes, mais ne remplacent pas le travail d'un·e professionnel·le de la psychologie.

➜ ~~Thérapeute~~

C'est encore une fois un terme non réglementé. Tout le monde peut se dire thérapeute, cela ne prouve aucune technique, expertise ou sérieux.

➜ ~~Tatie Monique~~

Même s'ils·elles peuvent t'écouter pendant des heures, tes proches ne sont pas psys (et quand bien même ils·elles le seraient, la table du repas de Noël n'est pas un cabinet de consultation). Ils·elles n'ont pas les compétences des psychologues, psychiatres ou psychothérapeutes.

Ça ressemble à quoi le cabinet d'un·e psy ?

Souvent, lorsque tu observes la décoration du cabinet d'un·e psy, tu obtiens des informations sur son tempérament : j'ai connu celui chez qui on se sentait un peu comme chez sa mamie (gentil, accueillant, mais avec une petite odeur de naphtaline et qui n'est pas à la pointe des nouvelles études), celle qui avait décoré son cabinet avec des couleurs vives et qui passait de la musique pop en salle d'attente (énergique, donnant envie d'aller de l'avant, qui te laisse te servir tout·e seul·e des mouchoirs à disposition sans te les tendre), celui qui avait mis du bois et des plantes partout et que tu suspectes de faire la poussière entre deux patients tellement c'est toujours ultra clean (allure athlétique, très posé, avec qui tu ne sais pas trop si tu peux faire des blagues, mais tu t'y sens bien), ou encore celle qui t'a mis plein de lectures en salle d'attente et un diffuseur d'huiles essentielles (elle a souvent une heure de retard… tu ne le sais pas encore, mais c'est aussi parce qu'elle fait super bien son boulot et que ça vaut le coup d'attendre !).

Pourquoi un·e professionnel·le vaut mieux que les conseils de Tatie Monique ?

Les professionnel·le·s de la santé mentale n'appliquent pas de recommandations lues dans *Psychologie magazine* ou *Femme actuelle* : ils ont fait des études et ont acquis une expertise qui dépasse de loin le champ de compétences que l'on peut avoir sans cela… et ce, même quand on est la personne la plus curieuse, la plus empathique, la plus passionnée du genre humain et de sa psychologie au monde. En santé mentale, il y a des symptômes, des signes inquiétants, des impressions, des sensations, des comportements… et il y a des diagnostics à poser. Or, un même symptôme n'a pas forcément la même cause chez chacun·e.

Pour te donner un exemple, sache que de nombreuses fois, j'ai eu du mal à me concentrer en écrivant ce livre. Je me laissais avoir par une notification non urgente, le miaulement de mon chat qui me réclamait à manger, des pensées intrusives sur le menu du dîner… Je sais que j'ai un trouble de l'attention, il a été diagnostiqué par un professionnel de santé. Mais il est très possible d'avoir des problèmes de concentration similaires parce que l'on dort mal. Parfois c'est juste parce que ça nous ennuie à mourir ou que l'on a un *date* qu'on attend impatiemment après la sortie du bureau, d'autres fois cela peut être à cause d'un trouble dépressif qui nous fait perdre le plaisir et le goût des choses que l'on aimait. Seul·e un·e professionnel·le de la santé mentale peut investiguer le sujet avec toi[24], et seul·e un·e psychiatre peut poser un diagnostic.

24. Les psychologues font ce que l'on appelle « une analyse fonctionnelle » pour comprendre ce qu'il t'arrive.

MA RECO

Sommes-nous tous des psychologues ? de Jacques-Philippe Leyens et Nathalie Scaillet (Mardaga, 2018) est le livre à lire pour toutes les personnes qui pensent avoir la compétence de deviner les autres ! Dans cet ouvrage, tu apprendras comment on peut se forger une opinion des autres, et à quel point on est influencé·e, malgré nous, par de nombreux stéréotypes. C'est aussi un livre à mettre entre les mains des psychologues eux·elles-mêmes, des professionnel·le·s de santé, mais aussi des personnes dont le métier est d'en recruter d'autres.

Les psychiatres pratiquent aussi ce que l'on appelle un **diagnostic différentiel** : ils·elles prennent le temps de chercher à distinguer un trouble d'un autre trouble qui pourrait avoir des symptômes similaires. Le diagnostic différentiel a été très important dans mon cas pour investiguer le trouble du spectre autistique : ayant été sujette à un syndrome de stress post-traumatique dans le passé, il a fallu prendre le temps de vérifier que ce que je vivais n'était pas dû à cela, ou en tout cas pas qu'à cela. C'est ainsi que j'ai pu non seulement accéder à des soins efficaces pour vivre avec ma condition autistique, mais aussi comprendre que les freins que je ressentais encore pour avoir une santé mentale épanouie n'étaient pas forcément dus au traumatisme que j'avais vécu. Cela m'a fait beaucoup de bien, parce que je m'étais énormément investie dans un travail psychologique pour me rétablir, et que je réalisais qu'il avait fonctionné !

Lorsque l'on sait de quoi on souffre, on peut accéder à quelque chose de plus précieux encore : trouver comment sortir de nos souffrances. En effet, les méthodes et psychothérapies préconisées ne sont pas les mêmes pour tous les troubles. Il y en a des plus efficaces que d'autres selon les situations. Il existe même certaines techniques que l'on pense à tort inoffensives et qui peuvent avoir des effets néfastes sur certaines personnes : c'est le cas par exemple de la méditation de pleine conscience qui s'est révélée dans certains cas être vectrice d'anxiété lors des études qui ont été menées pour prouver son efficacité[25].

Avoir le suivi d'un·e professionnel·le de la santé mentale permet d'avoir un parcours de soins adapté à qui tu es, à ce que tu vis et à comment tu le vis. Tous les conseils que j'ai donnés pour t'aider à communiquer avec les soignant·e·s dans la partie précédente sont évidemment aussi adéquats pour les consultations psy.

Aux aidant·e·s

Vous ne rendriez pas du tout service à vos proches en souffrance en émettant des réserves sur un suivi psychologique. Peut-être que vous, vous n'en avez jamais eu besoin. Mais quand vous l'affirmez, cela peut faire souffrir votre interlocuteur·rice : il peut ressentir que lui·elle, s'il·elle n'y arrive pas seul·e, est un·e incapable. Et puisque aider quelqu'un, ce n'est pas appuyer sur sa tête quand il est sous l'eau, mais bien le soutenir pour en sortir, faites attention à garder vos réserves pour vous si vous en avez. On n'est pas toujours la personne la mieux placée pour évaluer la détresse psychique de quelqu'un qu'on aime : on manque forcément de neutralité, et il est également possible que votre proche vous cache ou édulcore ses ressentis pour ne pas vous inquiéter. Évitez aussi de lui dire que vous avez vu un psy et que ça n'a servi à rien. Gardez en tête que la psychiatrie est une médecine, et que vous n'êtes pas professionnel·le de la santé mentale. Vous êtes simplement quelqu'un qui ne ressent pas le besoin de consulter (et tant mieux pour vous !).

25. Voir notamment les travaux de Willoughby Britton.

QUAND FAUT-IL ALLER CONSULTER UN PSY ?

Voici une liste non exhaustive des moments où consulter un·e psy peut t'aider :

- tu manques d'énergie, tu es lassé·e, et tu sens que tu as moins d'entrain pour des choses qui te donnaient précédemment du plaisir ;
- tu as des peurs qui t'empêchent de faire des choses importantes ou de vivre comme tu le souhaiterais ;
- tu as des difficultés à réguler tes émotions ;
- tu fais face à une situation difficile comme un deuil, une séparation, la perte d'un travail, etc. ;
- tu as des difficultés dans tes relations, qu'elles soient affectives, amicales, familiales, professionnelles, sexuelles… ;
- tu ressasses sans cesse quelque chose sans réussir à t'en extraire ;
- tu as la sensation de ne pas trouver ta place ;
- en somme, tout ce qui t'empêche d'être heureux·se.

Au niveau des symptômes psychiques, n'attends pas pour demander de l'aide si tu ressens les suivants :

- tu as des idées noires et/ou tu penses au suicide (c'est considéré comme une urgence médicale) ;
- tu subis des violences conjugales, qu'elles soient physiques ou psychologiques ;
- tu as des troubles du comportement alimentaire ;
- tu fais des crises d'angoisse ;
- tu te fais du mal ;
- tu as vécu un choc ou un traumatisme depuis plus de quatre semaines et tu en souffres encore ;

- tu ressens un mal-être quasi quotidiennement depuis au moins deux semaines ;
- tu as besoin d'alcool, de drogues ou d'autres artifices pour tenir le coup ;
- tu as des symptômes qui t'inquiètent, des sensations étranges, de drôles d'impressions comme des hallucinations.

N'attends pas d'aller vraiment mal

C'est l'une des clefs que je souhaite te transmettre : n'attends vraiment pas d'aller bien pour aller mieux… ou plus encore : n'attends pas d'aller vraiment très mal pour demander de l'aide. Aujourd'hui, on sait que plus la prise en charge de la santé mentale est rapide, plus le rétablissement l'est aussi ! Par ailleurs, cela permet de minimiser le risque de rechute, de création de stratégies de compensation pour faire comme si tout allait bien, de fausses croyances sur soi, de perte d'estime… Si consulter directement un·e psy te fait peur, ou que tu ne sais simplement pas vers qui te tourner, tu peux en parler à ton médecin généraliste en toute confidentialité. Voir un·e psy, ce n'est pas réservé aux gens qui ont d'énormes problèmes urgents et vitaux. Tu as aussi le droit de consulter parce que ton animal de compagnie tombe malade et que tu as peur de le perdre, parce que c'est l'anniversaire du décès de quelqu'un que tu aimais, parce que tu es très en colère contre quelqu'un, parce que tu es stressé·e avant un examen… Ne reste pas seul·e avec tes nuages au-dessus de la tête, toi aussi tu as droit à un beau ciel bleu.

Tu as peur qu'on te colle une étiquette ?

J'entends souvent des personnes refusant d'aller consulter par peur d'être réduites à leur diagnostic. Je comprends cette idée, et toutefois, en tant que pair-aidante, je considère que le problème vient d'un regard social, d'un manque d'éducation aux troubles psychiques. Lorsque l'on a des problèmes de santé physique, refuse-t-on si facilement d'aller consulter pour ne pas avoir d'étiquette ? On a en général davantage peur de ne pas être soigné·e et de souffrir que d'avoir l'étiquette d'une maladie. Pourquoi alors devrait-on réagir différemment face aux troubles psychiques ? Savoir ce qui nous arrive, c'est pouvoir faire ce qu'il faut (thérapies adaptées, médication si nécessaire, adaptation du quotidien, mise en place de changements…) pour nous rétablir. Prendre sur soi sans aucun plan thérapeutique, c'est voué à l'échec.

MA RECO

La BD *Se rétablir* de Lisa Mandel (Exemplaire, 2022) t'embarque dans les histoires de vie de patient·e·s sur la route du rétablissement. Sans tabous, sans langue de bois, l'autrice se fait la porte-parole de voix d'usager·ère·s de la psychiatrie.

Aux aidant·e·s

L'une des phrases les plus blessantes que j'ai entendues alors que j'annonçais à quelques personnes que j'avais lancé les démarches de diagnostic du trouble du spectre de l'autisme est venue de mon ancienne ostéopathe. Elle m'a dit : « Il ne faudrait pas que l'autisme devienne une excuse. » Cette phrase, pétrie de psychophobie et d'un manque de connaissance du trouble, était très violente et inutile. Loin de se chercher des excuses, la plupart du temps, on cherche simplement des solutions. Commenter nos démarches avec ce genre de phrases n'a qu'un seul effet : celui de mettre de la distance et d'abîmer la relation, comme de mon côté avec cette ostéopathe chez qui je n'ai jamais plus pris rendez-vous.

LE TÉMOIGNAGE DE MARINA,
AUTISTE SANS LE SAVOIR JUSQU'À SES TRENTE ANS

« J'ai toujours senti qu'il y avait " un truc ". Quand je cherchais des réponses, je regardais une photo de moi enfant en me demandant " mais qu'est-ce que cette petite fille cherche à me dire ? ". J'étais en errance : pas de diagnostic, pas de solutions efficaces. Pourtant, je n'ai pas cessé d'en chercher. J'ai beaucoup lu, des témoignages notamment. Et je te déconseille de faire la même chose : les mal-être se ressemblent, mais n'ont pas tous la même source ni les mêmes chemins vers le rétablissement. Je me suis retrouvée à écouter les conseils des coachs sur Internet, m'incitant à changer mon " mindset ", ma façon de penser, et que tout s'arrangerait. Évidemment, ça n'a pas fonctionné ! C'est important de développer son écoute intérieure pour éviter que les injonctions venues de l'extérieur ne prennent le pas sur ce que l'on ressent vraiment jusqu'à le mettre de côté… Aujourd'hui, je rêve que l'on invente un traducteur un peu magique qui pourrait traduire mes pensées à ceux·celles qui ne les comprennent pas. Et en attendant, je planche sur la création d'une bande dessinée pour mieux faire comprendre aux autres ce que vivent les personnes autistes. »

Quels sont les différents troubles psychiques ?

Il existe beaucoup de troubles différents, et ils sont répertoriés dans de gros manuels barbants comme le *DSM-5*[26] ou la *CIM-11*[27]. Les **troubles dépressifs** peuvent se caractériser par une fatigue,

26. Dernière édition parue en 2015 chez Elsevier Masson.
27. Il s'agit de la norme médicale universelle, reconnue par l'Organisation mondiale de la santé, pour classer les maladies. Elle est disponible en version numérique sur le site de l'OMS : www.who.int.

un changement dans l'appétit, le sommeil, une perte d'intérêt pour les plaisirs, une profonde tristesse. Il y a aussi les **troubles anxieux**. Ceux-ci peuvent prendre plusieurs formes (trouble panique, anxiété sociale, agoraphobie, trouble anxieux généralisé…) et avoir des causes diverses. Ils se manifestent par des symptômes très physiques et parfois impressionnants, comme lors de crises d'angoisse où la personne affectée peut avoir le cœur qui s'emballe et des sensations d'étouffement.

Il existe aussi les troubles psychotiques, comme la schizophrénie, où l'on peut percevoir la réalité différemment, entendre des voix en fait partie. Un gros travail de sensibilisation est à faire pour percevoir d'une autre manière ces troubles qui sont stigmatisés, mal compris, alors que l'on peut avoir une jolie vie lorsque l'on a un accompagnement et/ou une médication adaptée. Les organismes de réhabilitation psychosociale sont encore peu nombreux, mais ils font un excellent travail vers le rétablissement en santé mentale avec une prise en charge rassurante pour les patient·e·s et efficace.

MA RECO

***Soyez Réhab* de Nicolas Rainteau (Elsevier Masson, 2022), un guide pratique qui explique comment la réhabilitation psychosociale s'organise pour le rétablissement en santé mentale, grâce à la collaboration entre patient·e, soignant·e, aidant·e, pair-aidant·e… Un outil pratique de déstigmatisation particulièrement utile pour les aidant·e·s et les soignant·e·s, pour tous ceux·celles qui entourent les patient·e·s !**

Et le stress post-traumatique dans tout ça ?

On considère qu'il y a des conséquences psychiques à traiter lorsque l'on a vécu un choc ou un traumatisme depuis plus de quatre semaines et qu'on ne se sent pas mieux. Cela peut se développer à la suite de violences, d'accidents, de catastrophes climatiques, de chocs émotionnels… que l'on en ait été victime directement ou que l'on ait assisté au drame. Cela peut paraître surprenant, mais des syndromes post-traumatiques se sont développés chez des personnes qui n'étaient pas présentes lors d'attentats terroristes, mais qui en ont vu les images (merci les chaînes d'information en continu…). On ne développe pas toujours ce syndrome après un traumatisme, même quand on l'a vécu directement, mais lorsqu'il est là, il peut vraiment pourrir la vie par l'apparition de sensations rappelant celles vécues lors du traumatisme, par des cauchemars et en créant un grand état de stress comme si le danger était là en permanence.

Les méthodes les plus préconisées actuellement par les études scientifiques pour se libérer d'un stress post-traumatique sont les thérapies cognitives et comportementales (TCC), et celle de l'EMDR, une psychothérapie qui peut paraître étonnante, car elle consiste à se laisser guider par un·e psychologue formé·e à cette méthode pour faire des mouvements oculaires ou des tapotements. Si tu veux en savoir plus, je t'invite à te rendre sur le site Internet de l'association EMDR France[28].

Nous y reviendrons dans le quatrième chapitre du livre, mais je t'invite déjà à faire très attention aux fausses croyances autour des traumatismes. Actuellement, une branche très dangereuse de la spiritualité contemporaine analyse les traumatismes comme des épreuves qui seraient un retour de karma ou quelque chose à t'apprendre pour ton évolution spirituelle. Je ne vais pas prendre de pincettes en te disant que la seule bonne réaction face à cela,

28. https://www.emdr-france.org/

c'est de fuir. Ces croyances peuvent ralentir ou même empêcher ton rétablissement et, de surcroît, te faire tomber sous influence ou emprise. Que les choses soient dites : si tu as vécu des violences, le·la seul·e coupable est la personne qui a perpétré ces violences, et aucunement toi.

Aux aidant·e·s

Sachez que si l'on est atteint d'un syndrome de stress post-traumatique, le temps à lui seul ne suffit pas au rétablissement. Dire à votre proche en souffrance que « ça passera » n'est pas le meilleur des conseils. Un syndrome de stress post-traumatique est comme un bug dans le cerveau, qui tourne en boucle sur la souffrance ressentie. C'est pour cela que vous pouvez ne pas comprendre pourquoi votre proche est effrayé·e, en angoisse et se sent en danger alors qu'il ne se passe plus rien. Il·elle ne ment pas, n'exagère pas, et il·elle a besoin d'un accompagnement adapté pour retrouver une vie sereine qu'il·elle mérite amplement.

TU AS PEUR DES TRAITEMENTS MÉDICAMENTEUX ?

Avant toute chose, sache que la médication n'est qu'un outil parmi d'autres pour se rétablir de troubles psychiques. Il existe bon nombre de situations où elle n'est pas nécessaire. Il est possible que ton·ta psychiatre te conseille d'améliorer ton hygiène de vie pour éviter une médication. La pratique du sport et un bon sommeil peuvent faire évoluer de manière étonnante la chimie de ton cerveau dans le bon sens ! Mais si on te prescrit un traitement, ne panique pas et lis la suite.

Les traitements spécifiques, au-delà des classiques que l'on a tous·toutes dans notre armoire à pharmacie, ça peut effrayer. La principale source d'anxiété est due à la peur des effets secondaires. Est-ce que j'aurai des nausées ? Des problèmes intestinaux ? Des troubles du sommeil ? Est-ce que je serai vaseux·se ? Est-ce que j'aurai des douleurs ? Et lorsque la médication concerne un trouble psychique, on a aussi tendance à se demander : est-ce que je serai encore moi-même ?

Cette question amène son lot de réflexions sur le fait de saisir ce qu'est « être soi-même », notamment lorsque l'on souffre. Il arrive que l'on puisse s'identifier à son mal-être, à son anxiété, jusqu'à affirmer « je suis quelqu'un de nature angoissée ». Alors effectivement, sous traitement, et d'autant plus lorsqu'il fonctionne bien, cela peut arriver que l'on ne se reconnaisse plus ! Si c'est ton cas, plutôt que d'abandonner ton traitement, je te conseille davantage de parler de ce que tu ressens avec ton·ta psy. Reconquérir son identité est une des voies du rétablissement !

Si ton·ta psychiatre te propose une médication, sache que tu es tout à fait libre de la choisir ou non. N'oublie pas toutefois que tout comme on te prescrirait un désinfectant à la suite d'une blessure pour qu'elle ne s'infecte pas, si ton·ta psychiatre te conseille une médication, c'est qu'il·elle pense que c'est ce qu'il te faut et que cela peut t'aider. Souvent, en santé mentale, la médication est une béquille pour te stabiliser, apaiser ton anxiété ou tes idées noires, et c'est avec une thérapie adéquate que tu pourras réellement te rétablir. Si ton·ta psychiatre souhaite associer une médication à ta thérapie, il y a des chances que cela te permette de te rétablir plus rapidement.

Une prise de décision partagée

Quoi qu'il en soit, sache qu'une médication en psychiatrie, ça se nuance, se change, se complète, s'arrête… en fonction de comment tu te sens et de comment tu évolues. On appelle cela « la prise de décision partagée », méthode qui est actuellement utilisée pour accompagner les personnes ayant des troubles psychotiques et dont les médicaments peuvent avoir des effets secondaires difficiles. Les médecins se sont rendu compte qu'associer le·la patient·e, ses ressentis, ses réflexions, à sa prise en charge médicamenteuse était le meilleur moyen pour que le traitement soit suivi et efficace. Tu m'étonnes !

Le conseil principal que je te donne est tout simple : pose à ton médecin toutes les questions que tu aurais écrites dans la barre de recherche de ton navigateur. Cela peut être très angoissant de lire des témoignages en ligne, d'autant plus que l'on n'a souvent que les retours des personnes qui ont fait de mauvaises expériences : les autres sont passées à autre chose ou n'ont pas ressenti le besoin de déposer leur vécu sur Internet. Tu auras des réponses bien plus fiables et adaptées à ton cas en demandant directement des explications à ton médecin.

Lorsque j'ai dû prendre un traitement pour soigner mon hypophyse, j'étais vraiment terrifiée. La première fois, ça ne s'est pas bien passé et je n'ai pas osé en parler à mon endocrinologue. Je pensais qu'il fallait bien subir les effets secondaires pour arriver à guérir, prendre sur moi et ravaler mes galères. J'ai fini, épuisée, par supplier mon médecin de cesser le traitement. Au vu de mes résultats d'analyses, il a accepté de tenter le coup même si la période de prise du traitement était plus courte que ce qu'il aurait voulu. Quelques mois plus tard, je rechutais… J'ai alors parlé à mon médecin de tout ce que j'avais vécu et de mes difficultés. J'étais terrifiée à l'idée de reprendre le traitement. Et c'est ainsi que j'ai appris qu'il existait une autre molécule tout aussi efficace, et que l'on pouvait aussi réguler les dosages pour arriver à cibler mon rétablissement sans me pourrir la vie. Cette fois, j'ai réussi à prendre le traitement neuf mois au lieu de quatre, dans des conditions bien plus acceptables.

L'un des conseils que m'avait donnés ce médecin et que j'ai gardé depuis, c'est de ne jamais lire la liste des effets secondaires. Il m'avait dit de l'appeler si je ne me sentais pas bien. Étant très anxieuse à cette époque, il est vrai que j'avais tendance à être à l'affût de chaque symptôme inquiétant… Il m'avait aussi dit que, plus le médicament était ancien, plus la liste des effets secondaires présents sur la notice pouvait être longue ! Et pourtant, son ancienneté montrait aussi qu'il était fiable à l'utilisation. Tu vois ce lien entre lui et moi ? Ma confiance et son écoute… C'est la base d'une bonne alliance thérapeutique !

L'alliance thérapeutique

L'alliance thérapeutique est un élément essentiel de la relation entre le·la soignant·e et le·la patient·e, c'est une collaboration en confiance. Lorsque tu te casses la jambe et que tu vas aux urgences, si tu tombes sur un·e soignant·e que tu ne trouves pas agréable, cela ne va pas forcément impacter négativement ta guérison (même si tu t'en serais bien passé !). Mais cela ne se passe pas toujours comme ça : la confiance est un élément essentiel.

Après une très mauvaise expérience avec un antidépresseur prescrit un peu à la hâte par un médecin généraliste quand j'étais étudiante, j'ai eu la trouille d'en reprendre plus tard. Une psychiatre a voulu m'en redonner à un moment de ma vie où j'étais dans une phase de crise et où j'avais demandé de l'aide. Mais comme je ne m'étais pas sentie bien avec elle, j'ai refusé l'ordonnance. Quelque temps plus tard, avec les explications d'un autre soignant, j'ai pris ce même traitement, car il était parfaitement adapté à ce que je vivais. J'ai pu reprendre pied, retrouver de l'énergie, sans effets secondaires… J'aurais pu m'éviter trois semaines de souffrance aiguë si j'avais accepté l'ordonnance de la première psychiatre, mais je n'avais pas confiance. Il faut dire que je l'avais prévenue que j'étais sur la piste d'un diagnostic du trouble du spectre de l'autisme, et qu'elle m'avait répondu « ce n'est pas le moment, laissez ça de côté ». Or, c'est impossible de laisser l'autisme de côté. Elle avait le bon traitement, mais nous n'avons pas pu créer d'alliance thérapeutique à cause de cette remarque qui m'a fait grandement douter de sa capacité à m'aider.

C'est très important d'avoir confiance en son·sa soignant·e, et encore davantage au sein d'une psychothérapie : c'est l'efficacité du soin qui est directement impactée. Je me demande si ce n'est pas pour cette raison que les personnes qui « n'aiment pas les psys », mais qui ont essayé quand même, n'ont pas été convaincues. Ce n'est pas évident de créer une alliance thérapeutique dans ces conditions. Si tu n'es pas à l'aise avec un·e psy, d'autant plus si tu as l'impression que vos valeurs sont différentes, ne t'acharne pas : change de psy. Tu gagneras du temps ! Parfois, c'est l'effet inverse qui peut se produire : on adore son·sa psy, mais la méthode dans laquelle il·elle est spécialisé·e ne nous convient pas, et on continue à porter les mêmes casseroles au quotidien.

QUELLE THÉRAPIE EST RECOMMANDÉE POUR QUEL SOUCI ?

Il existe pléthore de méthodes thérapeutiques ! Celles issues de la psychologie scientifique sont plus fiables que d'autres. J'ai demandé à Mathilde Besset et Loïc Crobu, les deux psychologues qui sont derrière le compte Instagram @bessetcrobupsy, leurs conseils pour choisir une psychothérapie en fonction des troubles rencontrés :

➜ Dépression

Pour les dépressions légères, une psychothérapie est l'indication de première intention. On peut y ajouter une prise en charge médicamenteuse si nécessaire. Pour les dépressions sévères, on associe les deux. Concernant la dépression, la plupart des approches psychothérapeutiques peuvent avoir de bons résultats. Loïc Crobu souligne toutefois qu'il est nécessaire de trouver un·e psychologue qui pratique l'activation comportementale, un accompagnement visant à refaire peu à peu des choses agréables au quotidien pour que l'envie revienne et s'installe. Il ajoute que beaucoup de personnes en souffrance pensent être dépressives chroniques alors qu'il s'agit en réalité de dépressions qui n'ont pas été entièrement traitées et qui provoquent plus facilement des rechutes. C'est donc très important de ne pas se considérer comme rétabli·e trop rapidement, simplement parce que l'on se sent un peu mieux.

➜ Prévention de la rechute d'une dépression

Il est possible d'optimiser son rétablissement en pratiquant le MBCT[29], une psychothérapie basée à la fois sur la méditation de pleine conscience et les thérapies cognitives. Loïc Crobu insiste : la pratique de la pleine conscience se développe plutôt après la dépression, car elle peut amplifier les symptômes au cœur du trouble. La thérapie des schémas[30] est aussi indiquée.

➜ Troubles anxieux, TOCs, phobies

Une thérapie cognitive et comportementale (TCC) est préconisée. Le but est davantage d'axer le rétablissement sur le volet comportemental que de rechercher à tout prix une cause explicative (ce qui peut amplifier le trouble anxieux) : à l'aide d'un·e psychologue, le·la patient·e peut s'exposer peu à peu aux situations stressantes, en toute sécurité, et s'en libérer. Le mieux est d'avoir un·e psychothérapeute qui est à la page des dernières techniques, celles concernant l'exposition ayant pas mal évolué ces dernières années : si ton thérapeute évoque l'apprentissage par inhibition, c'est bon signe !

---

29. *Mindfulness-Based Cognitive Therapy.*
30. Une thérapie développée par le psychologue américain Jeffrey Young.

➔ État de stress post-traumatique

L'EMDR a fait ses preuves pour se rétablir d'un état de stress post-traumatique de type 1. Il s'agit d'un traumatisme dont on connaît la cause, qui est un événement précis. Pour les traumatismes complexes, il est nécessaire d'y associer d'autres outils de psychologie validés par la science : le·la thérapeute doit prendre le temps de cibler chaque difficulté et d'y apporter une réponse (l'EMDR peut en faire évidemment partie).

➔ Troubles du comportement alimentaire

Les problématiques de type boulimie et hyperphagie peuvent être prises en charge par les TCC. Pour ce qui est de l'anorexie, une approche pluridisciplinaire est privilégiée et s'envisage en général dans des centres médicaux. Les thérapies systémiques auraient également de bons résultats. Loïc Crobu insiste sur le fait qu'il faut faire attention aux diététicien·ne·s et nutritionnistes qui ne seraient pas à jour dans les études. Aussi, si tu souffres de TCA, certaines écoles de pensée pourraient associer cela à un défaut d'amour ou de nourriture maternelle : ce sont des corrélations souvent induites et qui ne servent pas forcément à grand-chose pour ton rétablissement.

➔ Troubles bipolaires

Il est en général nécessaire d'avoir une approche médicamenteuse et d'être également suivi·e par un·e psychologue qui connaît bien le trouble. La psychothérapie est centrée sur le fait de trouver des solutions au quotidien pour stabiliser l'humeur, et cela se fait par le prisme d'une analyse fonctionnelle (une approche pratiquée par les psychologues utilisant des méthodes basées scientifiquement).

➜ Schizophrénie

Ici, l'approche est pluridisciplinaire et associe les prescriptions médicamenteuses d'un·e psychiatre, l'accompagnement de neuropsychologues, les techniques des TCC (certaines sont par exemple dédiées à ceux·celles qui entendent des voix), le tout centré sur le rétablissement ! Il existe des centres de réhabilitation psychosociale dédiés.

➜ Difficultés relationnelles et manque de confiance en soi

Les techniques visant à développer l'affirmation de soi, le fait de travailler sur ses pensées dysfonctionnelles et ses biais et l'analyse fonctionnelle peuvent être très efficaces. La thérapie des schémas est aussi une bonne ressource.

➜ Trouble borderline

L'une des thérapies qui peut être préconisée est la TCD, la thérapie comportementale dialectique.

➜ Troubles liés à l'utilisation de substances

Que ce soit la cigarette, l'alcool, les drogues, il est nécessaire d'avoir une prise en charge qui prend en compte les données environnementales du·de la patient·e. Le travail se fait avec un·e addictologue et consiste notamment à trouver des substituts moins nocifs, pour peu à peu remplacer l'élément de l'addiction par autre chose. La psychothérapie de circonstance consiste à trouver d'autres stratégies que le recours à une substance.

➜ Troubles du neurodéveloppement

Les thérapies consistent à améliorer le quotidien des personnes vivant avec des troubles du spectre de l'autisme (TSA), des troubles du déficit de l'attention (TDAH), des dyslexies… Pour ce faire, on associe en général le travail de remédiation cognitive d'un·e neuropsychologue à celui d'un·e psychologue TCC. Il est possible d'y ajouter les compétences d'autres professionnel·le·s comme des ergothérapeutes, des orthophonistes…

➜ Soutien pendant une maladie

Dans ce cas précis, il n'y a pas forcément de trouble, mais besoin d'un soutien. C'est avant tout l'alliance thérapeutique qui prime. Des thérapies psychodynamiques, interpersonnelles, peuvent être très salvatrices. Des psychologues peuvent aussi proposer tout simplement des « thérapies de soutien ».

➜ Troubles associés

Lorsque l'on développe des troubles à la suite d'autres troubles, ce qui peut être le cas lorsque l'on en a un qui n'est pas pris en charge correctement, la thérapie préconisée est encore une fois la TCC.

MA RECO

La gestion de soi **de Jacques Van Rillaer (Mardaga, 2019) est un ouvrage expliquant avec justesse tous les ressorts de la thérapie cognitive et comportementale. C'est moins facile à lire qu'un roman de gare, mais c'est un livre précieux qui peut tout à fait être un outil d'auto-aide.**

Demander de l'aide et intégrer un parcours de soins dans lequel on se sent en sécurité, c'est essentiel… Mais dans le parcours d'une personne cherchant le rétablissement, il y a un espace dont on oublie trop souvent de parler : les relations avec l'entourage. Elles sont souvent mises à mal lorsque l'on affronte une maladie ou des troubles, alors observons tout cela à la loupe pour essayer de faire au mieux !

CHAPITRE 3

~~FAIS UN EFFORT~~

As-tu le soutien de tes proches?

Pourquoi la maladie est-elle source de tensions ?

En traversant des difficultés, tu as pu remarquer qu'il n'y a pas qu'aux relations avec le personnel soignant que l'on doit porter de l'attention : toutes tes relations peuvent être impactées. En tant que pair-aidante, j'observe à quel point les patient·e·s qui me sollicitent souffrent de difficultés qu'ils·elles traversent avec leurs proches. Leurs relations deviennent parfois de réels sujets d'anxiété qui leur coûtent beaucoup d'énergie, occasionnant des émotions difficiles : tristesse, peine, culpabilité, déception, colère… Est-ce que, comme eux·elles, tu as toi aussi une ou plusieurs relations qui pâtissent de ta situation ? Sais-tu à qui en parler ? C'est un cercle vicieux : quand une tension s'immisce entre toi et la personne à qui tu as l'habitude de te confier, à qui alors demander du soutien ?

ANNONCER QU'ON VA MAL N'EST PAS UNE BONNE NOUVELLE !

Être porteur·se d'une maladie n'est jamais une bonne nouvelle, et ce, même lorsqu'un diagnostic signe la fin d'une errance médicale. Certes, on peut se sentir soulagé·e de savoir ce que l'on a, reprendre de l'espoir, de la force pour avancer ; mais cette sensation satisfaisante d'avoir clôturé un chapitre n'empêche pas l'ouverture d'une nouvelle étape, celle où il va falloir vivre avec et l'affronter.

Pour certain·e·s, la maladie pourra avoir une fin, plus ou moins proche, grâce à des soins adaptés. Pour d'autres, ça sera plus complexe : certains troubles peuvent ne pas disparaître. Il s'agit alors non seulement de trouver des traitements pouvant tempérer les symptômes, mais également de se fabriquer une vie nouvelle en l'aménageant en fonction des troubles. Il y a énormément de possibilités dans cette création d'un quotidien plus serein et soutenant, mais entamer cette étape prend souvent du temps. C'est difficile de vivre cela comme la poursuite d'une vie, une simple continuité… La plupart des gens ont davantage l'impression qu'ils font « le deuil de leur vie d'avant ».

Certain·e·s n'iront pas jusque-là et chercheront à vivre exactement de la même manière : c'est souvent bien difficile et cela risque, de surcroît, d'augmenter les symptômes. Cela arrive quand on cherche coûte que coûte à rester fort·e (sans comprendre qu'on l'est déjà), à montrer aux autres que rien n'a changé, que tout est pareil avec ou sans la maladie. Le hic, c'est que ce n'est pas vraiment juste. Évidemment, les personnes malades n'ont pas à être réduites à leur maladie, à leurs symptômes. Cependant, ces symptômes sont bien là, et choisir de ne pas les prendre en compte, c'est prendre le risque de ne pas trouver d'équilibre. Se créer une vie la plus douce, sereine et joyeuse possible, c'est une clef du rétablissement.

Alors, quand on n'a pas trouvé cet équilibre (ou qu'on est juste focalisé·e sur le fait de rester comme avant), on traverse souvent des zones de tensions. Celles-ci sont dues à la fatigue, à la douleur, au sentiment d'incapacité, par exemple. Avant de se rétablir, on explore toutes ces sphères avec, de surcroît, un grand sentiment d'injustice au fond du ventre : pourquoi ça ? Pourquoi nous ? Et parce que tout est plus difficile, il peut nous arriver d'être moins présent·e socialement, ce qui peut créer des tensions avec l'entourage.

CE N'EST PAS SIMPLE EN SOCIÉTÉ

Voici quelques exemples de difficultés que l'on peut rencontrer quand on tire sur la corde :

- Annuler sa venue à la dernière minute.
- Oublier des informations (un anniversaire, un morceau de conversation, une promesse qu'on a faite...).
- Demander aux autres des adaptations qui peuvent être perçues comme des efforts (faire avec ton régime alimentaire, anticiper les difficultés que tu peux avoir à te déplacer, ne pas se retrouver dans un lieu trop bruyant...).
- Être fatigué·e plus vite et plus facilement que les autres.
- Etc.

Quand on doit faire avec la maladie, les autres aussi. Et certain·e·s ne sont pas du tout prêt·e·s à cela. Les personnes malades ou affaiblies se voient régulièrement reprocher d'être « moins drôles qu'avant », ou encore, elles peuvent se rendre compte qu'on les contacte moins souvent, qu'on leur propose moins de choses. Il peut y avoir de grands moments de gêne et ce, dès la première question d'une conversation : « Comment tu vas ? ». Toi, tu ne sais pas si tu dois vraiment y répondre ou si c'est du *small talk*. En face, l'autre personne veut te montrer qu'elle s'intéresse à ce que tu vis, mais a la trouille de ne pas savoir gérer la situation, quoi dire, quoi faire. Et cela peut même arriver entre deux personnes qui se connaissent très bien et qui n'ont jamais eu de difficultés ensemble.

Parfois, au-delà de la gêne, il y a des reproches. Certaines personnes peuvent attendre de leur proche malade exactement la même implication qu'auparavant et peuvent se sentir déçues, en colère, tristes. J'ai entendu beaucoup de personnes dire qu'elles se sont senties abandonnées quand leur proche est tombé·e malade. D'autres ont eu l'impression que tout ne tournait plus qu'autour du malade, et qu'à un moment donné il fallait que ça s'arrête. Dans ces exemples, tout le monde souffre, mais la personne malade porte une triple peine : la maladie, les conflits et la culpabilité d'en être responsable.

LA CULPABILITÉ EMPÊCHE DE S'EXPRIMER

Si le sentiment de culpabilité est une réalité bien commune aux malades, ils·elles ne sont pourtant pas responsables de leurs troubles. Non, jamais, à aucun moment, tu n'es responsable d'avoir des problèmes de santé, une maladie ou encore un trouble psychique. Si toutefois tes proches peuvent vivre des dommages collatéraux, la première des victimes de cette affaire : c'est toi. Mais puisque c'est toi qui portes cette maladie, tu extrapoles peut-être cela en te sentant responsable d'apporter aussi les problèmes qui vont avec, à t'en sentir coupable.

C'est ainsi que les malades ont l'impression d'être des poids à porter, des boulets à traîner pour les autres. D'un être humain total qui avait une vie « normale », on peut se glisser dans la peau d'un sous-homme qui, se met-on à croire, en demande beaucoup aux autres alors qu'il n'aurait plus grand-chose à donner : ce n'est pas parce que c'est commun de penser cela que c'est la réalité. La maladie nous fait souvent perdre (temporairement) notre souveraineté, et on peut se demander où l'on a bien pu passer. Cette impression de ne plus être là est souvent amplifiée par le regard de nos proches qui soulignent, parfois pourtant sans le faire exprès, que les choses ne sont plus comme avant. Et on s'en veut.

Alors, l'une des réactions que l'on choisit souvent, c'est celle de faire comme si tout allait bien : la promesse invisible que rien n'a changé. Cela me rappelle la phrase du film très absurde *RRRrrrr !!!* de la troupe comique Les Robins des Bois : « Rien ne sera jamais plus comme avant, mais tout doit rester comme avant. » Alors, quand se présente un accroc, un moment où l'on n'y parvient pas… On s'en veut, profondément. Cela ronge beaucoup de malades.

Cette culpabilité fait changer le rapport de force entre nous et les autres : soudain, il n'est plus équilibré. Et c'est ainsi que certain·e·s malades, peu à peu, perdent leur estime d'eux·elles-mêmes et peuvent développer une tendance à se soumettre. Ce sont souvent ceux·celles qui se plaignent le moins et, paradoxalement, ce sont ceux·celles à qui l'on va le plus reprocher leur maladresse ou leurs manquements.

Cette culpabilité isole, et pas uniquement parce que l'on peut en arriver à s'éloigner de ses proches pour ne pas « les embêter », mais aussi parce que les échanges ne sont plus authentiques. Quand on s'en veut, on ne se considère plus, et donc on ne se raconte plus à l'autre. La culpabilité empêche de s'exprimer, de se comprendre, de solidifier les liens lors de ces épreuves. Elle ralentit aussi le processus de rétablissement en évitant de se confronter à ses besoins, et surtout ceux liés à la maladie.

À QUI DEMANDER DE L'AIDE QUAND ON A DES PROBLÈMES AVEC SES PROCHES ?

Comme pour toute difficulté rencontrée durant ton parcours de soins, tu peux parler des problèmes que tu traverses avec tes proches à ton médecin référent. Et c'est même la chose à faire si l'on subit une relation d'abus ou d'emprise. Attention toutefois à ne pas confondre ton médecin avec un·e psy : ce n'est pas son rôle attitré que de t'écouter parler de soucis dépassant les contours de ta maladie. On aimerait tous·toutes que notre médecin puisse accueillir nos souffrances, toutes nos souffrances, avec empathie. Mais il ne faudrait pas oublier qu'il n'est pas qualifié pour résoudre ce genre de difficultés. Alors, à qui en parler ?

➜ Un·e psy

C'est un sujet que l'on peut aborder en psychothérapie, que ce soit en séance individuelle ou en séance de médiation en présence de la personne avec qui tu connais des tensions. Si la personne avec qui tu as un souci est un·e ami·e, pourquoi ne pas demander à un·e psychologue faisant de la « thérapie de couple » s'il·elle accepterait de vous aider ?

C'est vraiment l'un des messages que j'ai envie de te transmettre dans ce livre : ose, demande, tente. Si tu traverses des soucis, tu peux avoir une vie atypique qui en découle, et les propositions autour de toi peuvent ne pas te sembler adaptées. Or, tu es là, tu existes, et tu as des besoins : les partager peut permettre aux soignant·e·s à qui tu demandes de l'aide de personnaliser leur suivi. Peut-être que ton·ta psy refusera, mais te proposera de t'aider autrement. Amorce le dialogue, il peut être salvateur !

➜ Un·e pair-aidant·e

Il n'y a toutefois pas que les psychologues qui peuvent vous aider, toi et tes proches, à communiquer. Et tant mieux, parce qu'il est possible que la personne avec qui tu as des problèmes se braque si tu lui parles de voir un psy. Les pair-aidant·e·s peuvent aussi tenir ce rôle : discuter en solo avec ton·ta proche, confronter vos versions et trouver des solutions concrètes pour rendre le quotidien plus facile pour tout le monde. Cependant, nos actions ne sont destinées qu'à faciliter ton rétablissement. Alors si le nœud du problème vient d'une difficulté que vit ton·ta proche aidant·e, n'oublie pas que nous ne sommes pas compétent·e·s pour lui faire une thérapie.

➜ Une personne neutre

L'autre option est de demander à une personne neutre et diplomate de vous aider à avoir une discussion de fond. Si tu penses à quelqu'un dans ton entourage qui saurait avoir la bonne posture, cela vaut vraiment le coup de tenter. Il existe aussi des groupes de parole, que ce soit pour les personnes malades ou pour les aidant·e·s, où chacun·e peut librement vider son sac aux côtés de personnes qui comprennent ce vécu et peuvent donc offrir de l'écoute et de la compassion.

Aux aidant·e·s

Si vous traversez des difficultés avec un·e proche, n'hésitez pas à aller en parler. Cela peut être très drainant de soutenir quelqu'un qui souffre. Vous êtes tout à fait légitime à vous offrir l'écoute d'un groupe de parole ou l'aide d'un·e psychologue. L'erreur que l'on fait souvent, c'est de ne commencer à y penser qu'une fois qu'on est à bout... Pourquoi attendre ? Peut-être imaginez-vous que vous devez être fort·e pour l'autre, que vous ne devez pas craquer. Peut-être aussi faites-vous preuve d'un optimisme à toute épreuve et que vous pensez que cette période va s'achever le plus vite possible. Attention à ne pas vous efforcer de tenir le coup. Que la maladie dure ou non, vous pouvez aller parler de ce que vous vivez à quelqu'un. Il n'y a pas besoin de prendre une carte de fidélité chez le·la psychologue, dans certains cas, une seule séance peut déjà faire un bien fou ! Et puis, en demandant de l'aide, vous montrez à votre proche qu'il n'y a pas de honte à le faire.

Mais maintenant qu'on a repéré ensemble quel était le ver qui pouvait s'installer dans la pomme et faisait pourrir nos relations de l'intérieur, peut-on anticiper une autre façon de vivre et d'avancer vers le rétablissement main dans la main avec ses proches ? Évidemment ! Commençons par l'étape première, celle où l'on annonce son diagnostic…

Comment ton entourage réagit-il face au diagnostic ?

On aimerait tous·toutes que nos proches réagissent le mieux du monde face à l'annonce de notre diagnostic. Or, ce n'est pas toujours le cas. Entre le choc, la surprise, et tous les sentiments qui s'entremêlent, voici trois réactions courantes qui peuvent nous surprendre !

➜ Celui·celle qu'on doit rassurer

Il arrive que nos proches s'effondrent, pleurent, paniquent, s'inquiètent tellement que l'on a l'impression que l'on va devoir s'occuper d'eux·elles pour qu'ils·elles s'en sortent… alors que, mince, en réalité, c'est nous qui sommes malades ! Zut alors, on a failli tomber dans le panneau…

➜ Celui·celle qui fait comme si tout allait bien

On peut presque se mettre à regretter l'effusion de sentiments de « celui·celle qu'on doit rassurer » quand on se retrouve en face de « celui·celle qui fait comme si tout allait bien ». L'information de la maladie semble être à même hauteur que la réponse à la question « qu'est-ce qu'on mange ce soir ? » et ça peut être très déstabilisant. D'autres peuvent sembler soulagé·e·s s'ils·elles apprennent que « ce n'est pas grave, en fait », ce qui signifie que l'on ne va pas en mourir donc c'est bon, finalement il n'y a pas trop de problèmes. Gros câlin aux femmes qui souffrent d'endométriose à qui l'on dit « oh bah quand tu seras ménopausée ça ira mieux, c'est une bonne nouvelle ! ».

➜ Celui·celle qui le prend mal

Il y a des personnes qui vivent très mal l'annonce d'un diagnostic et qui, pour une raison qui dépasse mon entendement, le reprochent aux malades. En quelques minutes, elles ont déjà trouvé pourquoi ça t'est arrivé : sûrement à cause de la pièce de monnaie que tu avais avalée quand tu étais petit·e, elles s'en souviennent encore, tu leur avais fichu une de ces frousses ! Il y a aussi les personnes qui découvrent que tu étais en souffrance parce que tu n'avais rien dit (pour de nombreuses bonnes raisons possibles) et qui se vexent profondément de ne pas avoir été dans la confidence. Le sujet de la discussion change alors de focus : on estompe la maladie et tu dois rassurer la personne sur le fait que non, ce n'est pas que tu ne lui faisais pas confiance, c'est plus compliqué que ça…

On n'est absolument pas obligé·e de dire aux autres ce qui nous arrive. La maladie, c'est intime. Les troubles psychiques, ça peut l'être encore plus… Surtout quand on sait à quel point ils sont encore stigmatisés. Aussi, beaucoup font le choix de garder leurs diagnostics pour eux·elles, ou en tout cas de filtrer l'information.

MA RECO

Lorsque l'on apprend le diagnostic d'un trouble du spectre de l'autisme tardivement, nos proches ont souvent du mal à comprendre ce qu'il se passe (notamment parce que l'on a tendance à développer des capacités pour masquer ce que l'on vit). *La différence invisible* de Julie Dachez et Mademoiselle Caroline (Delcourt, 2016) est une bande dessinée qui raconte le parcours d'une femme adulte, autiste non diagnostiquée, qui finit par comprendre ce qui lui arrive. Si ton histoire est similaire, n'hésite pas à la lire et à la prêter à tes proches pour qu'ils·elles comprennent mieux la situation.

ÇA RÉVEILLE LES PROBLÈMES QUE LES AUTRES PRÉFÈRENT GARDER SOUS LE TAPIS

La maladie vient avec son lot de thématiques douloureuses, tous ces sujets auxquels on préfère ne pas penser : la mort, la perte, l'abandon, la souffrance… Je m'y suis confrontée en apprenant que j'avais une tumeur à l'hypophyse. Ce mot déclenchait nombre de réactions : certain·e·s le trouvaient exagéré parce que je n'avais pas de risque vital, d'autres s'inquiétaient plus que de raison. Je lui ai vite préféré son exact terme médical, adénome, qui correspondait à quelque chose que personne ne connaissait : c'était plus simple.

Face à certains diagnostics, nos interlocuteur·rice·s peuvent être confrontés à des questions existentielles qui peuvent déclencher beaucoup d'anxiété. Je me suis demandé si ceux·celles qui faisaient comme si la maladie n'était pas là n'étaient tout simplement pas dans un évitement de leurs propres questionnements face à la fin de vie, la vieillesse, la souffrance. Je n'ai pas de réponses, je sais juste que cela peut mettre dans l'embarras, créer des malaises silencieux et une nouvelle habitude de marcher sur des œufs. On peut avoir l'impression qu'il est préférable de cacher sa maladie : ça évite de vivre ce genre de moments où l'on ne sait pas si l'autre nous fait défaut par manque de liens ou d'amour, ou si les choses sont plus profondes que cela.

Toutefois, avoir un entourage aidant est un élément très soutenant du rétablissement. Je ne peux donc pas conseiller de cacher sa réalité, mais il est possible d'apprendre à reconnaître sur qui l'on peut s'appuyer ou non. Si après une ou deux tentatives de discussion ouverte pour échanger sur les ressentis de l'un·e et de l'autre, tout semble toujours bloqué et sous tension, je crois qu'il est préférable de se protéger.

➜ Les traumatismes en ricochets

Il y a de nombreux détails dans le parcours d'une personne malade qui peuvent faire réagir son entourage. Le simple fait d'aller faire un examen médical peut rappeler à l'un·e de nos proches qu'il·elle évite d'aller faire une vérification médicale qui l'effraie. On souffle souvent sous les tapis des autres sans le vouloir. Aussi, j'ai pu constater que la libération de la parole autour des traumatismes pouvait créer des ricochets. Je n'avais pas imaginé que je pouvais réveiller chez mes amies leurs propres traumatismes en parlant des miens. À l'époque, car nous étions bien avant #metoo, la prévalence des traumatismes sexistes et sexuels était encore un secret bien gardé. Je pensais, à tort, que je devais être la seule de mon clan à avoir vécu de telles souffrances… Je me disais que, le cas échéant, on m'en aurait parlé.

Alors, quand j'ai informé mes amies que j'étais touchée par un syndrome post-traumatique, j'ai été très surprise d'entendre tous ces « moi aussi ». Pour certaines, c'était une libération partagée. Pour d'autres, je suis devenue la personne à fuir parce que c'était trop douloureux d'être à mes côtés. Entretenir une relation avec moi, c'était se souvenir de sa propre douleur. Et les personnes qui n'étaient pas prêtes à entamer une prise en charge psychologique, ou qui n'y croyaient pas, ont préféré mettre un terme à nos échanges, à nos amitiés. Ce qui fut douloureux, c'était précisément que l'on ne pouvait pas en discuter. Et ce qui fut très frustrant, c'était qu'il était impossible d'aider ceux·celles qui ne le souhaitaient pas, peu importe l'amour qu'on leur porte : cela ne donne jamais de passe-droit.

LE FAMEUX TRI DANS LES RELATIONS

Par conséquent, il arrive très fréquemment que notre entourage évolue au cours du processus de rétablissement. À cause de la fatigue, on peut avoir moins de tolérance face à ce que l'on acceptait auparavant, parfois malgré nous. On découvre également une autre facette des personnes de notre entourage, car nos besoins relationnels changent. Je pense souvent les relations en termes de contrat invisible et, avec l'émergence d'une maladie, le contrat change : il arrive que les nouvelles clauses ne conviennent pas à nos proches et qu'ils·elles choisissent de ne pas les accepter. Cela peut créer beaucoup de rancœur, de sentiment d'injustice, mais aussi de solitude. Et ce n'est pas ce que l'on souhaite aux personnes malades qui ont déjà beaucoup à encaisser.

Cependant, il arrive aussi fréquemment qu'une fois le choc de ces ruptures passé, les personnes malades s'en sentent soulagées. C'est souvent une tranche de vie particulière où l'on rencontre des nouvelles personnes qui nous comprennent davantage. Il est possible que l'on tisse des liens plus profonds avec une connaissance qui révèle alors son potentiel de soutien et de gentillesse. Et la plus belle chose qui puisse arriver, c'est de voir une relation se renforcer, se solidifier et devenir plus profonde lors de la traversée de cette tempête qu'est la maladie. Il arrive aussi que l'on rencontre d'autres personnes malades, qu'elles soient encore en parcours de soins ou rétablies, et qu'une belle entraide se mette à l'œuvre en toute solidarité.

ATTENTION À NE PAS TOMBER DANS LE PIÈGE DE LA DÉPENDANCE

Si la relation ne se base que sur l'aide, quand on n'en a plus besoin, que se passe-t-il ? C'est un risque : rencontrer une personne à qui l'on n'offre (ou qui ne prend) qu'un rôle de soutien face à la maladie. Si c'est le cas, lorsque tu parviendras à te rétablir, il y a un risque que tu ressentes l'impression que tu n'as plus besoin de cette personne, que tu n'as plus rien à partager avec elle. C'est assez triste, et pourtant, cela arrive souvent. Une patiente m'a un jour raconté qu'elle ne voulait plus voir l'amie qui l'avait tant soutenue parce que ça lui rappelait la maladie…

Pour éviter cela, il est utile de parler d'autre chose que de la maladie, de vivre des expériences ensemble qui sortent de ce cadre, des activités partagées loin de ces préoccupations. Il est aussi nécessaire que la présence à l'autre n'aille pas dans un seul sens : si la personne ne te confie rien pour « ne pas t'embêter », cela peut être mauvais signe pour la suite.

Attention aux relations abusives qui peuvent se construire dans toute période de vulnérabilité : il y a des personnes qui semblent se nourrir des difficultés des autres. C'est souvent dans ce cadre que naissent les dérives sectaires, mais cela peut aussi se dérouler entre deux individus hors cadre pseudo-thérapeutique. Si quelqu'un est tout miel avec toi un jour et te propose mille aides et compréhensions de ta situation, mais te fait des reproches par la suite du type « moi, j'ai fait tout ça pour toi, mais toi tu n'as rien fait pour moi », fuis ! Tu n'as pas de temps à perdre avec le brouillard dans lequel peut te mettre ce genre de relation.

En résumé : oui, il est nécessaire que l'amitié soit empreinte de réciprocité, mais ce n'est pas quelque chose qui s'impose. Si ce n'est pas le cas, c'est peut-être tout simplement que la relation n'est pas optimale.

Comment ça se passe au quotidien avec les autres ?

Il y a pas mal de défauts à notre façon commune de faire société, et l'un d'entre eux est le validisme (aussi appelé capacitisme). Ce concept repose sur l'idée bien ancrée qui consiste à penser qu'être dans la norme, c'est être valide. Et qu'être valide, c'est ne pas avoir de handicap. En conséquence, notre système social (mais aussi juridique, moral, matériel, relationnel, et tant d'autres) peut être défavorable aux personnes « non-valides », tout cela par le biais de discriminations, de préjugés, de stigmatisations.

Ce système validiste donne pour unique perspective d'amélioration aux personnes porteuses de handicap de se débrouiller pour devenir le plus valides possible afin de bénéficier des mêmes services que les autres, mais aussi du même accueil social en général.

DES CONSÉQUENCES DU VALIDISME

Les handicaps ne sont pas uniquement physiques et visibles. Certains sont dus à des maladies invisibles, d'autres sont des handicaps mentaux ou encore psychiques. Peu de gens le savent, mais des difficultés comme une condition autistique, des troubles psychiques comme la schizophrénie ou encore la dyslexie peuvent être reconnus comme étant des handicaps. Certains ont moins de conséquences que d'autres, mais peuvent toutefois poser quelques problèmes que n'ont pas « les autres » au quotidien.

Je pense par exemple au daltonisme, trouble qui a pour conséquence de ne pas percevoir la totalité du spectre des couleurs. Les personnes daltoniennes peuvent rencontrer des difficultés d'accessibilité à des sites Internet qui n'ont pas été pensés en les prenant en compte. Elles peuvent être perdues pendant les soldes face aux pastilles colorées qui indiquent le montant des remises. Elles peuvent être jugées d'être habillées n'importe comment alors qu'elles ne se sont peut-être pas rendu compte de l'association de couleurs que d'autres ont trouvé douteuse. Je donne cet exemple précis à dessein : on a toujours tendance à penser que l'on ne juge personne, parce que l'on aimerait être les rois·reines de la bienveillance, mais je t'assure que le validisme semble avoir encore de beaux jours devant lui tant il est bien intégré.

C'est aussi à cause du validisme que l'on peut se mettre à penser que « si on veut, on peut », puis se trouver très mauvais·e en cas d'échec. La psychophobie dont je t'ai parlé précédemment est une forme de validisme visant les troubles psychiques. On demande aux personnes en difficulté de passer outre pour être validées, pour accéder à une vie joyeuse, épanouissante et heureuse. Certaines personnes jugent que si l'on n'arrive pas à faire quelque chose, c'est que l'on n'a pas fait d'efforts. Or, tout ce qui est accessible sur la base du mérite peut être très difficile à vivre pour les personnes ayant des handicaps : comment faire valoir leurs performances de manière juste, leurs efforts réels qui partent toujours de plus loin que pour les personnes dites valides ?

Quel est ce monde où l'on est fasciné·e, ému·e, et admiratif·ve devant les Jeux paralympiques, mais où l'on juge sa collègue qui demande des aménagements de travail nécessaires à la bonne réalisation de sa mission ? Chaque jour, une personne ayant un handicap invisible reconnu par la MDPH[31] et ayant une carte mobilité inclusion censée lui garantir une place assise dédiée dans le bus se heurte au mépris et au manque de considération d'autres usager·ère·s des transports qui ne la croient pas.

Aux aidant·e·s

Vous n'avez pas la capacité de juger du handicap de quelqu'un. Si une personne est en difficulté ou en souffrance, vous devez la croire sur parole et laisser vos préjugés de côté. Aimeriez-vous que cela vous arrive, à leur place ? Même remarque concernant un diagnostic : c'est la voix du·de la professionnel·le de santé qui l'a posé qui compte, pas votre avis. Vous n'êtes pas médecin.

LE POIDS DE LA CHARGE ÉDUCATIVE

Devoir apprendre à ses proches de quoi on souffre, comment on le vit, ce qui peut aider, ce qu'il ne faut pas faire : c'est l'une des réalités que vivent les personnes subissant des stigmatisations. Elles doivent éduquer à leur réalité, évacuer les préjugés, informer. Ces discussions sont très souvent fatigantes, usantes, voire douloureuses. C'est épuisant parce que cela demande de prendre du temps que l'on utiliserait bien volontiers pour se reposer, cela nécessite de la concentration et l'élaboration d'un vocabulaire commun pour que tout le monde se comprenne. C'est usant parce qu'il y a souvent des montagnes à franchir pour arriver au moment où l'autre touche du doigt notre réalité. C'est douloureux parce que l'on peut se heurter à des paroles blessantes, à des préjugés, à des réactions qui peuvent être violentes.

Je l'ai vécu quand j'ai tenté d'expliquer à certaines personnes que j'avais un trouble du spectre de l'autisme. J'ai entendu « mais c'est

31. Maison Départementale des Personnes Handicapées qui octroie des droits en fonction du handicap d'une personne.

pas grave ça ! » (impression que l'on niait les souffrances occasionnées), « ça ne change rien » (alors que j'espérais justement du changement, une envolée vers une vie plus positive), « mais non t'es pas autiste, t'es amoureuse ! » (envie d'abandonner totalement la sensibilisation à l'autisme tellement cette remarque était à côté de la plaque et me faisait l'effet d'une claque), et la cerise sur le gâteau a été déposée par deux personnes qui me soutenaient que l'autisme ne justifiait en rien les difficultés relationnelles que l'on avait pu vivre ensemble (devant tant de psychophobie, j'ai pris la fuite). J'en suis venue à dire à certaines personnes de mon entourage que j'avais un trouble du neurodéveloppement au lieu d'utiliser le mot « autisme », tellement j'en ai eu assez d'expliquer, de me justifier, d'espérer une compréhension qui ne viendrait peut-être jamais.

J'ai fait comme beaucoup de personnes malades ou porteuses de handicap ensuite : j'ai choisi mes combats. Loin de rester dans l'entre-soi, de m'isoler avec des personnes vivant la même chose que moi, j'ai nourri les relations que j'entretenais avec les personnes qui ne m'ont pas attendue pour se renseigner sur mon trouble cognitif. J'ai chéri les personnes qui acceptaient sans aucun ressenti négatif que je puisse rencontrer quelques difficultés, les exprimer et prendre le temps d'en parler. J'ai évité celles qui prenaient toujours les choses pour elles alors que la question n'était pas là. J'ai cessé de me battre contre des moulins à vent. Et je me suis mise à profiter d'une vie relationnelle très épanouissante où je ne portais pas toute la charge éducative, mais où j'étais heureuse de pouvoir être écoutée et entendue, où je pouvais moi aussi écouter et entendre en retour pour qu'on invente une relation où tout le monde se sente bien.

Mes pairs, des personnes vivant la même chose que moi, ont aussi été de fidèles médiateur·rice·s. J'ai pu compter sur eux·elles pour communiquer avec mes proches quand je n'en avais pas la force ou la possibilité : entre nous, on est heureux·se de pouvoir se rendre ces services. C'est toujours plus simple d'expliquer ce que l'on vit aux proches des autres qu'aux nôtres : pas d'affect, pas de pression, juste l'appel de la générosité et de la joie de pouvoir être utile.

Beaucoup de personnes réagissent en faisant preuve de maladresse au départ. Il faut du temps pour apprendre ce sur quoi on peut se permettre de rire, les limites de l'autre, et pour pouvoir faire preuve d'une empathie informée, celle qui arrive à percevoir la réalité, même invisible, de la personne qui souffre ou fonctionne différemment. Lorsque les relations sont solides et que la volonté d'avancer est là, ces maladresses se dissipent peu à peu, et si elles reviennent de temps à autre, on s'en fiche, parce que l'attachement et la confiance sont installés. Si cela t'arrive, à toi aussi, ne baisse pas les bras : ça vaut le coup de prendre le temps, lorsque cela respecte tes limites.

LE SEUIL DE TOLÉRANCE ET LA THÉORIE DES CUILLÈRES

Les personnes traversant des difficultés physiques ou psychiques font face à des variations de leur seuil de tolérance. Il y a des jours où elles sont capables de beaucoup, où elles peuvent mener des journées qui ressemblent à ce qu'elles pouvaient vivre avant la maladie. Il y a d'autres jours où les choses sont difficiles, et où le seuil de tolérance est si bas qu'une toute petite chose peut les épuiser ou leur provoquer des réactions émotionnelles fortes. Pour leurs proches comme pour elles, cela peut être désorientant et tout le monde peut vite manquer de repères.

Pour pallier cela, on a inventé la théorie des cuillères ! Il suffit d'imaginer que l'on a, en se réveillant le matin, un certain nombre de cuillères d'énergie remplies. Il y a des matins où on va en avoir douze parce que tout se passe à merveille sur tous les plans. À d'autres réveils, on peut faire l'expérience inverse et se rendre compte que l'on n'a pas de cuillères alors que la journée commence seulement. C'est sur cette base-là que l'on peut s'organiser afin de ne pas tirer sur la corde et créer des difficultés supplémentaires.

En parler à nos proches aide beaucoup, parce qu'ils·elles ont l'information mesurable de notre niveau d'énergie. C'est ainsi que l'on pourra faire des adaptations : reporter la randonnée que tout le monde attendait avec impatience pour éviter de créer un mauvais souvenir et des tensions, aménager des horaires, revisiter un événement prévu pour qu'il soit moins « cuillèrophage ». On peut, par exemple, transformer le dîner programmé à l'extérieur, dans un restaurant bruyant, en une soirée qui se déroule chez la personne malade : pour elle, pas besoin de se déplacer, et elle pourra rester dans une tenue confortable, au calme, avec la possibilité d'aller s'allonger. Aussi, chacun·e peut ramener quelque chose à manger pour éviter de lui donner cette charge. Cadeau bonus, dans cette configuration, il y a souvent des restes… C'est une aubaine pour bien récupérer et se refaire une santé que d'avoir rempli son frigo avec de quoi préparer le prochain repas !

Parfois, on a la joie d'avoir un bon nombre de cuillères au réveil, mais elles disparaissent toutes d'un coup à cause d'une circonstance apparue lors de la journée (une contrariété, une difficulté physique, un choc…). Cela peut être très frustrant, mais c'est vraiment important de rester à l'écoute pour créer un cercle vertueux : on peut trouver comment recharger quelques cuillères, ou en tout cas anticiper pour ne pas se retrouver dans d'ingérables difficultés de suradaptation. Pour ma part, j'aime passer un peu de temps sous ma couverture lestée, ça dissipe mes tensions musculaires, me donne l'impression d'être contenue, m'aide à évacuer l'anxiété plus rapidement. Face à certaines émotions, j'ai mes façons de gérer les situations. Inventer ses rituels efficaces et sa boîte à outils pour récupérer est essentiel : prends le temps de faire cela pour toi, tu te remercieras ensuite !

Tout cela demande de la flexibilité et de la tolérance chez les personnes qui, elles, sont en pleine forme et doivent s'adapter. Il y a certain·e·s proches qui peuvent en souffrir, avoir l'impression que c'est toujours à eux·elles de fournir des efforts. C'est utile d'en parler, et de créer des moments qui plaisent vraiment à tous·toutes. On peut être ami·e·s avec des personnes qui ont des problèmes de santé, qu'ils soient physiques ou psychiques, sans que des adaptations nécessaires coûtent de gros efforts : il suffit de prendre le temps du compromis heureux.

Aux aidant·e·s

Si vous avez l'impression que la balance est toujours en faveur de votre proche en difficulté et que vous commencez à vous dire que, vous aussi, vous avez des problèmes et que vous aimeriez bien qu'ils soient pris en compte, n'attendez pas une semaine de plus pour en discuter. Votre proche n'a sans doute pas la vue assez longue, avec sa charge mentale quotidienne, pour deviner ce que vous ressentez sans que vous le lui disiez. Et je suis certaine qu'il·elle sera heureux·se de vous soutenir si vous en avez besoin. Bien souvent, les personnes qui ont besoin de votre flexibilité sont celles qui comprendront le plus facilement que vous aussi, vous souhaitiez en bénéficier. Alors, si c'est vous qui traversez un moment à faible dose de cuillères, parlez-en. Vos ami·e·s peuvent aussi aménager vos rencontres pour que ce soit plus facile pour vous !

MA RECO

Il y a des personnes concernées par la maladie ou les troubles invisibles qui créent de très bons contenus de sensibilisation ! Je te conseille de les découvrir sans attendre :

- Chloé, sur son compte Instagram @chloeinvisible, illustre la réalité des personnes porteuses de maladies invisibles et donne de réelles ressources aux aidant·e·s pour mieux comprendre les situations vécues.

- L'œil atypique, sur son compte Instagram @l.oeil.atypique, crée des bandes dessinées sur le quotidien de personnes autistes et c'est une pépite !

CRÉER DE SAINES FRONTIÈRES : CÔTÉ PSY / CÔTÉ AMIS

Lorsque quelqu'un ne va pas bien, il peut avoir du mal à comprendre la frontière qu'il y a entre l'aide qu'apporte un·e professionnel·le de santé, et celle qu'apportent les proches. Parfois, ce sont les personnes en souffrance qui cherchent un psy chez leurs ami·e·s (qui peuvent en être désemparé·e·s), et parfois c'est l'inverse qui se joue : les amis se prennent pour des psys, des médecins, des conseillers, alors qu'on attendrait d'eux qu'ils·elles soient juste… des ami·e·s !

➜ Il existe des points communs aux psys et aux amis :

- Ils sont tous les deux bénéfiques pour la santé mentale et le bien-être.
- Les avoir dans nos vies peut être essentiel pour maintenir une santé mentale en équilibre.
- Ils nous permettent tous deux d'accéder à d'autres perspectives que les nôtres.
- Ils sont des ressources de soutien.

➜ Ce à quoi est formé un·e psy et pas un·e ami·e :

- T'aider à trouver tes propres réponses.
- Mettre le focus uniquement sur toi.
- Utiliser une variété de techniques et d'approches qu'il·elle personnalise pour toi.
- Ne pas juger et avoir des perspectives basées sur des théories psychologiques et scientifiques qui sont bien davantage objectives que celles d'un·e ami·e.
- Respecter la confidentialité à la lettre.
- Proposer des solutions dont l'efficacité a été prouvée avec des paramètres similaires aux tiens.

➜ Le cadre d'une amitié est bien différent du travail d'un·e psy :

- Un·e ami te donne du soutien affectif, parfois des conseils.
- Il·elle est légitime à être en attente d'une réciprocité.
- Il·elle n'a pas toujours l'énergie et le temps de se concentrer sur tes problématiques.
- Le point de vue d'un·e ami est basé sur sa vision du monde et ses préférences.
- Tu ne vas pas forcément réussir à être aussi honnête et transparent·e sur ce que tu traverses avec un·e ami·e (peur d'inquiéter, d'être jugé·e, besoin d'éviter certains sujets qui peuvent fâcher...).
- Te confier à un·e ami·e permet de faire évoluer votre relation (on se confie à un·e psy pour se rétablir, pas pour renforcer les liens qu'on entretient avec lui).

J'espère que cela t'aidera à demander de l'aide à un·e professionnel·le si tu en as besoin, et à conserver de beaux liens d'amitié pendant ton parcours de soins. Personnellement, j'ai choisi très vite d'être accompagnée parce que j'avais envie de donner un cadre à mes difficultés émotionnelles et psychologiques : cela m'aidait de me dire que j'avais un temps défini pour les explorer et partir en quête de solutions avec ma psy. Ainsi, le reste du temps, je pouvais inviter mon cerveau à tenter de penser à autre chose qu'aux sources d'anxiété, et continuer à vivre des moments du quotidien partagés avec mon entourage. Bien sûr, j'ai parfois craqué, eu besoin d'être soutenue, encouragée et entourée, besoin de parler de ce que je vivais. Mais c'était très important pour moi de ne pas investir mes ami·e·s du rôle de psy : j'avais peur de leur faire porter un sac trop lourd, et puis, même si je les aime fort, ils·elles sont plus doué·e·s pour me faire rire que pour répondre à mes questions sur les traitements du trouble anxieux. L'association du soutien amical et du travail psychologique, c'est vraiment le combo gagnant !

Aux aidant·e·s

Ne jouez pas aux sauveur·se·s, même si ce rôle peut être très tentant. On le sait bien, réussir à aider quelqu'un, ça apporte aussi beaucoup de satisfaction personnelle. Recevoir de la gratitude est agréable, et puis, on peut se sentir important·e, utile, efficace. Simplement, il y a une réalité que l'on oublie : aider, ça s'apprend. Mais j'ai une bonne nouvelle pour vous : toutes les formations ne sont pas réservées qu'aux soignant·e·s !

MA RECO

Il existe une formation, à suivre le temps d'un week-end, qui pourra vous aider à repérer et à évaluer la souffrance chez quelqu'un, à savoir comment l'aborder, le·la soutenir, l'informer et l'inviter à se faire aider. Que tout le monde se forme aux premiers secours en santé mentale ! Ce stage, encore peu connu, est extrêmement bien construit et efficace : on y explore les troubles dépressifs, anxieux, psychotiques, ainsi que les crises liées à ces profils psychologiques. Il existe également un volet spécial « Jeunes » contenant notamment une formation aux troubles du comportement alimentaire. Rendez-vous sur le site pssmfrance.fr !

Et si on riait un peu du drama que déclenchent nos maladies ?

Les proches se sentent souvent impuissant·e·s pour de mauvaises raisons : ils·elles s'en veulent de ne pas savoir comment faire disparaître tes symptômes, alors que ce n'est absolument pas leur rôle. Et cela crée beaucoup de tensions... Voire, avouons-le, beaucoup de drama ! Parfois, on dirait que la vie de quelqu'un qui souffre, c'est une mauvaise télénovela, dont le script pourrait être celui-ci :

« Antonietta vient d'apprendre par Bernarda que Leopolda était souffrante. Ni une ni deux, elle débarque chez elle pour être à son chevet :

— Leopolda ! Tu m'as fait une de ces peurs ! J'ai annulé tous mes rendez-vous pour venir t'aider. Dis-moi ce que je peux faire.

— Mais il ne fallait pas t'inquiéter autant, Antonietta, Bernarda est venue me voir hier, je n'étais pas seule !

— Je suis tellement désolée de ne pas avoir été là hier ! Mais regarde, je t'ai apporté des cookies aux noix, tes préférés !

— C'est très gentil, merci, pose-les ici.

— Mais ! Tu n'as pas faim ! Il faut que tu manges si tu veux guérir !

— Euh, c'est que…

— Mais quoi ? Tu ne veux pas de mes bons gâteaux ? Je les ai faits avec amour ? Je suis là pour toi !

— Antonietta, ne le prends pas mal mais… je suis allergique aux noix.

— Mais depuis quand ?!

— Depuis toujours.

— Mais tu ne m'avais rien dit ! Comment voulais-tu que je le sache ?!

— Ne t'en fais pas, ce n'est pas grave.

— Je suis nulle ! Moi qui voulais te faire plaisir !

Antonietta pleure, Leopolda la console. Après s'être mouchée bruyamment, Antonietta retrouve le sourire :

— Je t'ai aussi apporté des remèdes ! Regarde, ce sont des tisanes formidables, elles ont guéri le cancer de l'arrière-grand-oncle de ton cousin par alliance, Felipe !

— C'est gentil, tu peux les poser ici.

— Quoi, tu es aussi allergique aux tisanes ? »

Allez, allez, rions un bon coup ! L'autodérision peut être un excellent remède, bien plus efficace que des tisanes magiques.

MA RECO

Les vertus de l'humour, ce n'est pas qu'une blague ! Dans son livre *La thérapie par le rire*, Christophe Panichelli (Mardaga, 2023) milite pour faire de l'humour un outil thérapeutique utilisable par les professionnel·le·s de santé.

CINQ CHOSES QUE L'ON PEUT DEMANDER À UN·E PROCHE QUI SOUHAITE NOUS AIDER

➜ 1. Est-ce que je pourrais te demander de venir si je sens que je ne vais pas aller bien ?

Quand on a de l'anxiété ou des symptômes physiques impressionnants, on peut développer une peur de ne pas se sentir bien. C'est aussi le cas quand on a déjà fait des attaques de panique, aussi appelées crises d'angoisse. C'est normal de craindre que ça se reproduise : c'est très impressionnant, très physique, ça fiche la frousse et on ne comprend pas toujours ce qui a pu les déclencher… La peur peut être calmée lorsque l'on sait que l'on n'est pas seul·e et que l'on aura quelqu'un pour nous aider à traverser ce moment s'il survient. N'hésite donc pas à demander à l'un·e de tes proches s'il·elle accepte de venir ou simplement d'être présent·e par téléphone si tu commences à ressentir des symptômes d'anxiété. Si ton proche appréhende de mal faire, rappelle-lui l'existence de la formation aux premiers secours en santé mentale.

➜ 2. Est-ce que tu voudrais bien m'accompagner à tel endroit ?

Si tu as peur de te rendre quelque part, la présence d'un·e proche peut t'aider de manière ultra efficace (et tout ce qu'il a à faire, c'est d'être là !). Si c'est plus simple pour toi d'aller à un rendez-vous médical avec un·e proche, surtout pendant l'attente, pourquoi ne pas l'envisager ? Si tu as un trajet à faire qui t'effraie, pourquoi ne pas demander un accompagnement ? Si tu dois parler à quelqu'un, mais que tu angoisses fortement à cette idée, pourquoi ne pas demander à un·e ami·e d'être là pour faire une médiation ?

➜ 3. Est-ce que tu accepterais de faire une tâche à ma place ?

On peut tout à fait déléguer des tâches aux autres quand on se sent sous l'eau, fatigué·e, que l'on sent que l'on tire sur la corde. C'est très important de respecter son rythme, car l'épuisement n'aide en rien au rétablissement ! J'ai déjà demandé à un ami s'il voulait bien prendre le temps de regarder à ma place sur Internet les différentes options d'achat alors que je souhaitais investir dans un nouvel objet de sport sans rien y connaître, ou encore de réserver un rendez-vous médical pour moi. C'était mille fois plus efficace pour faire baisser ma pression qu'un gros câlin ! L'aide peut prendre bien des formes… Quand tu invites des amis à dîner, porte une attention au moment où on te dit « je peux ramener quoi pour demain soir ? », et que tu réponds sans réfléchir « mais rien voyons, tu es invité·e ! ». Il peut vraiment être utile pour ta santé mentale de changer cette réponse par « ah si tu pouvais apporter le dessert, ça serait super » (super, une heure de repos gagnée !).

➜ 4. Est-ce que tu veux bien m'aider à passer un bon moment ?

Souvent, les gens pensent qu'être là pour nous écouter raconter longuement nos problèmes, c'est tout ce qu'ils peuvent faire pour aider. Or, ce n'est pas forcément le cas (sauf si on en ressent le besoin). En revanche, être dans le moment présent et prendre beaucoup de plaisir peut produire un effet très bénéfique ! Selon ce que tu aimes faire, vous pouvez partir vous balader, inventer une action psychomagique pour te défouler[32] ou encore aller manger ton plat préféré. Mon mari le sait bien, si je viens de passer des moments challengeants et qu'il a envie de m'aider, il me cuisine un plat réconfort. J'ai été stupéfaite de constater que ça pouvait réellement me détendre et enrayer une mécanique d'anxiété…

➜ 5. Est-ce que tu pourrais soutenir mon estime de moi ?

C'est une question difficile à poser, mais c'est celle qui peut peut-être faire le plus grand bien ! Quand on rencontre des difficultés, on peut avoir l'impression d'être nul·le et se dévaloriser. Si tu l'oses, tu peux demander à tes proches « pourquoi ils·elles t'aiment ». C'est une formulation très enfantine et maladroite, et on peut se sentir mal à l'aise à l'idée de chercher les compliments… Mais pourquoi devrait-on attendre que l'autre ait cette idée tout·toute seul·e ? Un·e proche te demande quoi faire pour t'aider ? Propose-lui de te dire ce qu'il·elle trouve beau chez toi ! Passé le moment étrange où l'on pose la question, c'est un grand bain d'amour qui ressource très fort !

Le témoignage d'Élodie, atteinte d'endométriose

« Comme beaucoup de personnes atteintes d'endométriose, j'ai vécu une longue errance médicale avant de comprendre mes douleurs. J'ai été baladée d'un médecin à l'autre, on m'a fait douter de mes ressentis jusqu'à un petit tour dans des services psychiatriques complètement inadaptés à ma situation lorsque j'étais adolescente. Ma confiance dans le corps médical a été bien abîmée et même quand j'ai eu

32. J'ai écrit un livre, *Mes petites routines, Psychomagie pour chasser mes soucis* (Marabout, 2022), dans lequel tu peux découvrir comment, par des actions symboliques et rigolotes, on peut vider ses nerfs et joyeusement soutenir sa santé mentale.

besoin, plus tard, d'un soutien psychologique, j'ai eu peur de le demander. En dehors du milieu médical, je me suis tournée vers une naturopathe pour avoir de l'aide, et les soins ont viré au cauchemar : on m'a dit que puisque mes règles étaient arrivées alors que j'étais chez mon père, j'avais mal parce que j'avais le souvenir de la violence de mon père. La solution que l'on me proposait, c'étaient des séances de reiki pour " guérir ma lignée de femmes ". Alors que je ne savais pas encore que j'étais atteinte d'endométriose, j'ai trouvé le courage de poursuivre les investigations grâce à la présence soutenante de mon compagnon. À l'annonce du diagnostic, on a tous les deux eu peur de ne pas pouvoir avoir d'enfants, et on a traversé côte à côte plusieurs grossesses arrêtées. Il a été là à tous les rendez-vous, toutes les opérations, et aussi pendant mes convalescences, toujours positif et à l'écoute. Ça m'a aidée à tenir le coup et à traverser toutes ces épreuves. Grâce à lui, j'ai réussi à me faire confiance, à ne pas douter de mes symptômes. Aujourd'hui, on est les heureux parents d'un petit garçon ! J'ai toujours des douleurs, mais j'espère qu'enfin la recherche va avancer. Je regrette que les maux des femmes soient toujours aussi peu considérés. Je trouve mon équilibre en me créant une vie douce et je conseille à l'entourage des personnes malades d'être présent, mais surtout pas envahissant : il faudrait que tout le monde comprenne que l'on a besoin de soutien, mais aussi de solitude pour récupérer. »

STOP AUX CONSEILS NON SOLLICITÉS

L'un des fléaux pour les personnes malades est l'accueil beaucoup trop fréquent de conseils qui ne sont ni avisés ni demandés. Souvent, les autres se prennent pour des expert·e·s d'un sujet qu'ils·elles ne maîtrisent pas, ou se réfèrent à leur unique expérience ou à celle d'un·e proche… ou encore à celle de quelqu'un qu'ils·elles suivent sur les réseaux sociaux.

Cette pratique du conseil à la volée pose de nombreux problèmes :

- Les conseils s'appuient souvent sur de fausses informations, invalidées par la science.
- Prodiguer un conseil pour atténuer ou faire disparaître un symptôme ne prend pas en compte son origine organique. La solution de l'un n'est pas celle de l'autre.
- Il arrive fréquemment que les personnes délivrant des conseils ne soient pas neutres : celles qui insistent sont souvent anti-médecine et font davantage du prosélytisme que du soutien.
- Certaines pratiques dites « naturelles » peuvent avoir des effets secondaires : l'utilisation de plantes, d'huiles essentielles, les manipulations lors de pratiques manuelles, ainsi que les changements de régime alimentaire ne sont pas des éléments anodins.

Aussi, il ne faut pas oublier que la majorité des personnes malades ou en errance médicale passent une grande partie de leur temps à chercher des solutions, consulter des spécialistes, essayer différentes prises en charge. Si c'est ton cas, les conseils non sollicités t'ont certainement agacé·e à de nombreuses reprises, parce que tu n'avais rien demandé et que tu as pu avoir l'impression que l'on te parlait comme si c'était facile de sortir de tes soucis…

Les personnes ayant eu des enfants le savent déjà : beaucoup de gens ne peuvent pas s'empêcher d'être intrusifs, de donner leur avis, de contredire, de faire des remarques angoissantes, ou encore simplement de ne plus respecter la pudeur de l'autre. Comme ces futures mamans à qui l'on touche le ventre sans leur consentement, les personnes en souffrance peuvent avoir l'impression d'être dépossédées de leur propre corps ou de leur psyché, analysées, jaugées, jugées par ceux·celles qui s'autoproclament savant·e·s ou aidant·e·s.

Comment y répondre ?

Souvent, la seule réponse que l'on arrive à donner à des conseils non sollicités, c'est un sourire gêné, un acquiescement, alors que l'on attend avec impatience que ce moment soit terminé. On peut choisir de dire que l'on ne souhaite pas en discuter, mais avouons-le : il y a souvent tant de colère accumulée face à ces comportements que l'on a l'impression que si on lâche la pression, on va se transformer en dragon cracheur de feu, et peut-être en regretter les conséquences.

Voici quelques petites phrases qui peuvent aider à arrêter la discussion :

- « Ne t'en fais pas pour moi, je suis très satisfait·e de ma prise en charge. » (à tenter même quand ce n'est pas vrai...)
- « Aujourd'hui j'ai envie de penser à autre chose qu'à mes difficultés ! Raconte-moi comment tu vas. »
- « C'est très gentil de vouloir m'aider, mais ce n'est pas le moment pour moi d'en discuter. »

Je te conseille d'éviter de répondre que tu as déjà essayé et que ça n'a pas marché, même si c'est vrai, parce que les convaincu·e·s te diront toujours que c'est parce que tu n'as pas acheté le bon produit ou consulté le·la bon·ne praticien·ne... Si tu as le goût du risque, tu peux toujours tenter l'honnêteté totale et répondre que tu n'en as pas envie, que tu n'y crois pas du tout, ou encore que tu n'en as pas le budget : mais attention, un conseil non sollicité peut en cacher un autre !

Aux aidant·e·s

Avant toute chose, demandez à votre proche très simplement : « Est-ce que je peux te donner un conseil ? », ainsi, vous lui offrez la possibilité de refuser s'il·elle n'est pas réceptif·ve. Ayez également confiance qu'il·elle fait déjà de son mieux pour se rétablir.

MA RECO

Les éditions Les Arènes publient la collection BD PSY au contenu très fiable et bien vulgarisé. N'hésitez pas à la lire pour mieux comprendre l'un·e de vos proches qui traverserait des difficultés psychiques ! À lire : *Le Club des anxieux qui se soignent*, du Dr Frédéric Fanget, Catherine Meyer et Pauline Aubry (2023) et *Les Rescapés du burn-out*, de Philippe Zawieja, Jean-François Marmion et Mademoiselle Caroline (2023).

LÀ OÙ IL EXISTE DES ASSOCIATIONS, LA SOLITUDE PREND FIN

Au-delà des personnes qui se sentent mal entourées, il y a aussi toutes celles qui ne le sont tout simplement pas. Peu importe ta situation, le recours aux associations est une excellente alternative pour briser la solitude, avoir de l'aide, du soutien, rencontrer des personnes qui vivent des épreuves similaires… ou tout simplement se changer les idées ! Renseigne-toi sur les propositions associatives près de chez toi, cela peut vraiment faire évoluer l'environnement autour de toi et soutenir ton rétablissement. S'il n'y a pas d'association de soutien aux personnes, sache que participer à des activités de loisirs, sportives ou culturelles proposées par d'autres types d'associations peut aussi te sortir la tête de l'eau. Le rétablissement prend de multiples chemins.

Chéris très fort les relations qui se solidifient et s'épanouissent lors des périodes de vie compliquée. Elles sont, bien souvent, de celles que tu continueras à compter sur les doigts de ta main, en te disant que c'est très précieux d'être aimé·e… N'hésite pas à l'exprimer, à prendre le temps de remercier tes proches, à manifester combien tu es heureux·se de les avoir auprès de toi. Quand la maladie challenge l'estime de soi, les proches sont de précieux·ses allié·e·s. Mais ils·elles ne sont pas les seul·e·s… Ton esprit critique, lui aussi, a toute sa place pour t'aider à un rétablissement durable et solide. Veux-tu savoir pourquoi ?

CHAPITRE 4

~~ÇA NE COÛTE RIEN D'ESSAYER...~~

Développe ton esprit critique pour optimiser ton rétablissement

Les solutions alternatives, c'est à la mode

On peut vite se perdre au milieu des multiples informations auxquelles nous avons accès. Lors d'un parcours de soins, et encore davantage lors d'une errance médicale, il y a de nombreux pièges à éviter, notamment le risque tentant de désavouer la médecine classique et de chercher des solutions alternatives. Or, c'est un chemin jalonné de jolies maisons, à l'image de celle en pain d'épice à laquelle Hansel et Gretel n'ont pas pu résister… Derrière leur façade sucrée peut se cacher une réalité beaucoup moins enviable : celle des dérives sectaires. Leurs frontières sont si floues et poreuses qu'il arrive à beaucoup de personnes en souffrance de les frôler, voire de s'y abîmer.

Personnellement, j'ai cru être à l'abri des dérives, que ce genre de piège ne pourrait jamais se refermer sur moi. Cela ne m'a pas empêchée d'en subir au cours de mon parcours thérapeutique et de côtoyer de près des milieux sectaires qui ont eu de lourdes conséquences sur ma santé physique et mentale. C'est humain d'avoir envie de croire à toutes les belles promesses que l'on nous fait : on doit garder espoir et s'accrocher. Malgré tout, développer son esprit critique est l'une des clefs d'un rétablissement plus solide, plus rapide, plus pérenne. Et je vais t'expliquer pourquoi dans ce chapitre. Attention, ça va peut-être remuer !

LE RISQUE TENTANT DE DÉSAVOUER LA MÉDECINE

Comme nous l'avons vu dans les précédents chapitres, le monde de la santé a de nombreux écueils. Beaucoup de patient·e·s se plaignent du manque d'écoute, de temps et de moyens au sein des parcours de soins. Nous l'avons également longuement exploré : il arrive qu'il y ait des abus et des violences de la part des soignant·e·s, qu'ils soient physiques ou psychologiques. Lorsque l'on vit ce genre d'expériences, cela peut être très difficile de redonner sa confiance à d'autres soignant·e·s. Je l'ai moi-même vécu, et l'anxiété générée par ces traumatismes polluait le déroulement de mon rétablissement : l'angoisse à l'idée de prendre un rendez-vous et d'y aller m'a longtemps fait perdre le réflexe de demander de l'aide dès que j'en avais besoin. Aussi, l'errance médicale peut également, peu à peu, faire perdre confiance en la médecine en laissant aux patient·e·s l'impression que rien n'est fait pour les aider, les soulager. Il est possible enfin que l'on évolue dans un milieu où nos proches eux-mêmes ont beaucoup de défiance face à la médecine et que cela influe sur notre rapport à celle-ci.

Alors, quand le lien avec le milieu médical se fissure ou se brise, on peut devenir très réceptif·ve à tout ce qui promeut une guérison sans devoir passer par la case « souffrance » générée par des traitements ayant de lourds effets secondaires, des rendez-vous déshumanisés, des parcours de soins sans explications, sans solutions. On se met à rechercher du bien-être avant tout, une paix, du soutien, de l'espoir, de l'écoute. Et c'est souvent hors du milieu médical que l'on trouve tout cela… Le risque, c'est toujours de faire l'amalgame entre ce qui peut faire facilement du bien et ce qui soigne vraiment et durablement nos sources de souffrance.

LE MILIEU DU BIEN-ÊTRE N'A PAS VOCATION À GUÉRIR LES GENS

Lorsque l'on met un pied dans le monde du bien-être, des pratiques douces, des thérapies non conventionnées, il arrive bien souvent que l'on ressente un mieux-être rapide. On s'y sent écouté·e, soutenu·e, et on ressort des séances en se sentant plus léger·ère. C'est un fait : dès que l'on obtient du soutien, on se sent soulagé·e du poids du monde que l'on s'épuisait à porter seul·e sur les épaules. Cet effet est réel et sa portée est non négligeable sur les patient·e·s. En soi, ce n'est pas problématique. Ce qui l'est, c'est de penser que nos soucis de santé ont miraculeusement été résolus dès l'instant où l'on se sent un peu mieux. Or, si le milieu du bien-être relaxe, offre un espace où déposer nos émotions, il ne guérit toutefois pas. La pratique du yoga, les massages, les séances de médecines dites « douces » ne guérissent pas les maladies organiques. En revanche, elles peuvent en adoucir les symptômes et réduire le stress que l'on a accumulé. C'est pour cela que toutes ces pratiques sont dites « complémentaires ».

En soi, les pratiques complémentaires peuvent être une excellente ressource pour se détendre si l'on en a besoin. Trouver un moyen de se relaxer, c'est très précieux. Le problème est que l'on a tendance à nous vendre bien davantage que du bien-être et de la détente : régulièrement on nous promet des solutions de santé, des guérisons, des rééquilibrages qui permettraient d'écarter nos pathologies. Et ça, c'est très dangereux pour les personnes en souffrance : cela crée le risque de s'éloigner de la médecine conventionnelle et de confier sa santé à des gens qui n'ont pas la capacité de la protéger.

LÀ OÙ IL N'Y A PAS DE CADRE, IL Y A SOUVENT UN GRAND FLOU

En entendant le terme « médecine alternative », on peut légitimement penser que la pratique qui se nomme ainsi peut être une alternative à la médecine. Or, ce n'est pas le cas. D'ailleurs, beaucoup de praticien·ne·s préfèrent utiliser le terme « pratique complémentaire », ayant plutôt dans l'idée d'ajouter des soins spécifiques plutôt que de se suppléer à la médecine. De surcroît, l'exercice illégal de la médecine est puni par la loi.

Tu as peut-être remarqué que de nombreuses voix se levaient contre les dérives dans les parcours de soins ces temps-ci. En effet, le nombre de signalements reçus par la Miviludes (l'organisme de surveillance des dérives sectaires) est en croissante augmentation. Cela crée de vastes débats, que ce soit dans les repas de famille ou sur les réseaux sociaux, où s'opposent souvent deux camps : ceux·celles qui croient aux pratiques complémentaires, et ceux·celles qui n'y croient pas. Je trouve ce débat plutôt stérile. Si la Miviludes a reçu autant de signalements, cela ne veut pas dire que tous·toutes les praticien·ne·s sont problématiques, cela nous dit simplement que de plus en plus de gens font la démarche de remplir un signalement. Or on sait que cette démarche n'est pas anodine. Elle provient d'un sentiment de détresse, d'urgence et de danger. Ce n'est pas aussi simple que de donner une note à un mauvais restaurant sur Tripadvisor. Les personnes qui remplissent ces formulaires sont bien souvent des proches inquiet·e·s ou des victimes ressorties de leurs expériences avec de lourdes séquelles : traumatismes, retard de la prise en charge, isolement, lourdes pertes financières, etc. C'est une réalité : il faut reconnaître que la sphère du bien-être et des pratiques complémentaires fait de nombreuses victimes. Il est donc important de réfléchir à comment s'en prémunir.

Des dérives difficilement contrôlables

Lutter contre les dérives dans les pratiques complémentaires est très compliqué, car celles-ci ne sont pas encadrées par une législation et une déontologie auxquelles elles devraient répondre, contrairement à la médecine conventionnelle dont l'exercice est très contrôlé. Seules les personnes ayant validé des études standardisées de médecine peuvent devenir médecin, mais n'importe qui peut mettre une plaque sur laquelle est gravé « thérapeute », « guérisseur·se » ou « praticien·ne » devant chez lui et recevoir des client·e·s.

Si ces luttes contre les dérives ont tendance à soulever beaucoup de colère chez les praticien·ne·s de soins non conventionnés, c'est sans doute parce qu'il est très compliqué d'apporter de la nuance à un discours portant sur des pratiques qui n'ont pas de socle commun, si ce n'est celui de proposer des services qui ne ressemblent pas à ceux des cabinets médicaux. Je participe à ces luttes et, en tant que pair-aidante, le plus important pour moi est de protéger les patient·e·s. J'écris ce livre avec cette même intention : pas pour opposer des procès, mais pour faire en sorte que les personnes malades obtiennent une réelle voie de rétablissement.

C'est ici qu'est la principale dérive : on ne devrait pas attendre des pratiques complémentaires qu'elles produisent le travail de la médecine. Alors, je te conseille de te méfier de certains discours : celui des praticien·ne·s qui promettent de te guérir en dehors du cadre médical, mais aussi les discours flous ou remplis de formules rhétoriques qui peuvent mettre la pagaille dans ton engagement vis-à-vis de ton parcours de soins.

Doit-on se méfier de tous·toutes les praticien·ne·s non conventionné·e·s ?

Conventionnées ou non, je considère qu'il faut toujours avoir un regard critique sur les personnes à qui l'on confie son bien-être ou sa santé. On se présente dans un état de vulnérabilité et c'est normal de se protéger. Cela ne veut pas dire que tous·toutes les praticien·ne·s sont malveillant·e·s et toutes les pratiques à éviter. Simplement, c'est une sphère où les risques sont multipliés : absence de formation contrôlée, pas de déontologie à respecter, aucune obligation à remplir. Ces praticien·ne·s ont un statut d'entrepreneur·se et ne sont pas professionnel·le·s en psychologie ni en médecine. Ils·elles n'ont pas été formé·e·s aux pathologies ni à la santé mentale : il n'existe pas à ce jour de formation à des soins non conventionnés où l'on passerait les années nécessaires à étudier le corps et la psyché humaine pour pouvoir prétendre soigner ou rétablir des personnes en souffrance.

En revanche, lorsqu'une méthode est utilisée de manière complémentaire par un·e praticien·ne qui respecte son cadre d'action et que cette méthode te plaît, elle peut grandement t'aider à affronter les difficultés et à faire baisser la pression. Si le résultat n'est pas celui-ci, c'est que la promesse n'est pas tenue. C'est tout ce que l'on devrait attendre des méthodes non conventionnelles : du bien-être. Cela ne soigne pas, mais c'est déjà énorme.

ATTENTION AU BIAIS DE SUR-CONFIANCE

Quand on découvre un sujet, on peut vite se croire spécialiste ! Tu as sans doute déjà rencontré quelqu'un qui venait de découvrir une pratique, une nouvelle passion… et qui en parlait comme s'il en était un expert ! On appelle cela le biais de sur-confiance[33]. Les praticien·ne·s en soins non conventionnés n'en sont pas épargné·e·s : très souvent passionné·e·s par leurs découvertes et l'envie d'aider les autres, ils·elles surévaluent leurs capacités et leurs connaissances[34]. Or, ils·elles ne sont jamais formé·e·s en connaissances ou soins des pathologies ou en psychopathologie, car ce sont des domaines réservés au milieu médical. Ils·elles peuvent toutefois donner l'impression de s'y connaître mille fois plus que des vrai·e·s spécialistes : à l'inverse, des études sérieuses[35] montrent que plus on a de connaissances sur un domaine, plus on doute !

Certain·e·s vont citer une étude pour appuyer leurs discours, or ce n'est pas parce qu'une étude est présentée sur un site Internet que la pratique dont elle parle est efficace. Petit rappel : pour être valable, une étude doit être faite sur un large échantillon de personnes, avec un groupe contrôle et elle doit être reproductible (lire page 56). Ces conditions sont rarement remplies pour les quelques études citées afin de justifier l'utilisation des pratiques complémentaires d'un point de vue thérapeutique. En d'autres termes, ces études ne les légitiment pas à prétendre soigner des pathologies. Aussi, la plupart du temps, il existe des conflits d'intérêts entre les personnes menant ces études et les pratiques en question.

---

33. Ce phénomène est plus connu sous le nom « effet Dunning-Kruger », mais celui-ci est remis en question sur certains aspects, notamment méthodologiques, donc j'évite sciemment de le nommer. Lire *Au cœur de l'esprit critique*, de Séverine Falkowicz, Clément Naveilhan et Mr ContraDico (Eyrolles, 2023) pour plus d'informations.
34. Aucun jugement de valeur dans cette remarque, c'est un biais que l'on trouve dans tous les domaines ! Les étudiant·e·s en psychologie ou en médecine peuvent aussi vivre le même phénomène.
35. Celles-ci, menées par les fameux David Dunning et Justin Kruger, ne sont pas remises en cause.

Les appels à l'autorité

Dans les pratiques non conventionnées se posant comme alternatives à la médecine, on a également tendance à utiliser ce que l'on appelle « les appels à l'autorité » : il s'agit d'appuyer son discours sur le fait que telle ou telle personne validerait nos thèses. Or, le fait qu'un·e « docteur·e » se positionne en faveur de cette pratique ne la valide pas nécessairement : le discours d'une seule personne ne peut jamais faire office de vérité scientifique. Aussi, parfois, quand on creuse, on se rend compte que ce·cette « docteur·e » n'est pas médecin. Imaginez si j'avais demandé à un ami docteur en musicologie d'écrire la préface de mon livre ! On lirait « préfacé par Dr Truc » sur la couverture. Ça envoie, hein ? Et pourtant, ça n'aurait rien voulu dire du tout.

Il y a aussi certains termes qui peuvent porter à confusion car ils ont « l'air scientifique » et nous laissent penser que l'on peut faire confiance. Je pense par exemple à des termes comme médecine quantique ou encore biodynamie, parapsychologie, étiopathie, géobiologie, iridologie, médecine anthroposophique, morphopsychologie… Derrière ces mots se cachent en réalité des pseudo-sciences qui peuvent être de vraies maisons en pain d'épice : en apparence on dirait des lieux de soin, mais en réalité nombre d'entre elles accueillent en leur sein des dérives sectaires.

MA RECO

Il existe une bande dessinée qui se nomme *L'Esprit critique* (Delcourt, 2021) et qui te brosse un beau portrait des nombreux biais que l'on peut avoir face aux croyances, mais aussi face à la science. On y suit Paul qui, à la suite de ses jugements lors de sa rencontre avec une femme druide, rencontre l'esprit critique pour se remettre lui-même en question ! C'est écrit par Isabelle Bauthian et illustré par Gally. Et ma phrase préférée de tout l'ouvrage est celle-ci : « La science ne vous promet pas de vérité absolue, elle vous traite en adulte. »

Choisis bien ta thérapie

THÉRAPIE CENTRÉE SUR LA PSYCHOPATHOLOGIE VS THÉRAPIE EXISTENTIELLE

Lorsque l'on entame un parcours de soins pour sa santé mentale, on rencontre plusieurs formes de thérapies : celles basées sur la psychologie scientifique où l'on crée un plan de rétablissement destiné à limiter ou à faire disparaître les symptômes de troubles psychiques et à avancer vers l'épanouissement, et celles qui ambitionnent de traiter les grandes questions de l'existence : qu'est-ce que je fais ici ? Pourquoi j'agis comme je le fais ? Où trouver du sens ?

Lorsque l'on prend rendez-vous avec un·e psy ou un·e thérapeute, on ne sait malheureusement pas toujours faire la différence. Il y a un manque de visibilité et de compréhension pour la personne en souffrance qui cherche de l'aide. Voici donc un résumé clarifié :

- **Seul·e·s les professionnel·le·s de santé utilisant des méthodes dont l'efficacité thérapeutique a été validée par la science sont formé·e·s pour t'aider à guérir ou à te rétablir.** Ils·elles utilisent alors des thérapies comme la pratique de la médecine conventionnelle, les médications, les thérapies cognitives et comportementales, etc.
- Les praticien·ne·s non conventionné·e·s, les psychopraticien·ne·s ou les thérapeutes sans formation médicale ou univer-

sitaire peuvent aider dans d'autres domaines : ils peuvent agir de manière complémentaire à ton parcours de soins en axant leur pratique sur la détente et la gestion du stress, et peuvent éventuellement t'accompagner sur des questionnements existentiels. Ce genre de thérapie s'apparente en quelque sorte à de la philosophie. On y retrouve, entre autres, la pratique de la psychanalyse (que la culture populaire confond encore avec la psychologie !). S'allonger sur un divan et réfléchir au sens de son existence n'a pas vocation à être une thérapie centrée sur la psychopathologie et donc le rétablissement. C'est autre chose.

- Les professionnel·le·s de santé peuvent proposer des thérapies existentielles et c'est le cas des psychiatres et des psychologues d'orientation psychanalytique : or ce n'est pas toujours très explicite sur leur plaquette ou leur site Internet, ni même au moment du rendez-vous.

Avant toute chose, pose-toi cette question :

Qu'est-ce que je recherche comme accompagnement ?

Si tu as des problèmes de santé mentale, il est nécessaire d'aller consulter un·e professionnel·le de santé type psychologue ou psychiatre, car ils·elles sont les seul·e·s formé·e·s à la psychopathologie. Si tu ne souffres d'aucun symptôme lié à un trouble psychique (pas de dépression, pas d'anxiété, pas de stress post-traumatique, ou encore pas de troubles psychotiques…) et que tu souhaites simplement réfléchir au sens de la vie et à ton existence, tu pourras peut-être trouver ce que tu recherches auprès d'une thérapie existentielle. Cependant, la thérapie existentielle ne se substitue pas à la connaissance et à la mise en pratique de la psychopathologie clinique. Ainsi, si tu souhaites prendre rendez-vous avec un·e psychopraticien·ne, sache simplement qu'il·elle ne sera pas expert·e en psychopathologie.

POURQUOI PEUT-ON SE SENTIR VRAIMENT MIEUX APRÈS UNE SÉANCE DE SOIN NON CONVENTIONNÉ DONT L'EFFICACITÉ N'A PAS ÉTÉ PROUVÉE ?

En règle générale, ce qui fait du bien, c'est ce qu'il y a autour et pas forcément la pratique en elle-même : l'écoute, le fait de recevoir de l'attention, de prendre un temps pour écouter ce que l'on éprouve[36]. Il y a aussi le fameux effet placebo : on ressent une amélioration de notre état et cela peut même réduire ou effacer les symptômes de la maladie. Malheureusement, l'effet placebo ne dure jamais. Et c'est ce qui nous incite à prendre rendez-vous pour ressentir à nouveau le bien-être (temporaire) que l'on n'a pas su trouver ailleurs et qui s'est envolé trop vite.

Cela peut paraître surprenant que notre cerveau et notre corps soient capables de faire disparaître nos symptômes, juste parce que l'on croit en quelque chose : et pourtant, c'est prouvé par des études scientifiques ! Personnellement, j'avoue que je trouve cela fascinant. Et est-ce que tu savais que l'effet inverse existe aussi ? Il s'appelle l'effet nocebo, et peut apparaître dans certains contextes où l'on ne se sent pas bien avec la personne qui nous prescrit un traitement.

En fait, dans le rétablissement, ce qui compte par-dessus tout, c'est de voir les choses sur le long terme : n'oublie pas que si quelque chose te soulage sur le moment, mais que les effets ne durent pas, c'est que la technique n'est pas celle qui va te permettre de te rétablir. Il est nécessaire de faire très attention à la dépendance que l'on peut développer à certaines pratiques pour tenir le coup.

---

36. Voir la vidéo humoristique, mais scientifique, sur YouTube de PsykoCouac : « Pourquoi on va mieux avec une thérapie de merde ? ». https://www.youtube.com/watch?v=r9UwT149d7Q

Si tu suspectes de ressentir un effet placebo car tu fais des séances d'une pratique complémentaire sans accéder à un rétablissement durable, demande-toi ce qui te fait vraiment du bien à ce moment-là. Est-ce que c'est le fait d'être écouté·e ? Soutenu·e ? De prendre un temps pour toi ? Une fois que tu as trouvé la réponse, demande-toi si les séances sont la meilleure manière de répondre à ton besoin, ou si tu pourrais plutôt le nourrir par des routines quotidiennes ou en en parlant à tes proches.

N'oublie surtout pas que tout·toute praticien·ne devrait être content·e que tu ailles mieux et que tu n'aies plus besoin de lui·elle : personne ne devrait trouver cela normal que tu doives sans cesse revenir pour te sentir bien.

MA RECO

Je te conseille la lecture de l'ouvrage *Au cœur de l'esprit critique, petit guide pour déjouer les manipulations* de Séverine Falkowicz, Clément Naveilhan et Mr ContraDico (Eyrolles, 2023). Ce livre est accessible et pédagogique. En outre, il contient de précieuses informations pour mieux comprendre comment les études sont faites, des clefs pour saisir ce qu'est l'échelle de preuve ou encore tout un tas d'exemples pour illustrer les biais cognitifs auxquels nous sommes tous·toutes sujet·te·s.

Les questions à se poser face aux pratiques complémentaires

➜ Pourquoi est-ce que je prends rendez-vous ?

- Si la réponse qui te vient est « parce que je suis désespéré·e », « la médecine ne fait rien pour moi » ou encore « je suis prêt·e à tout essayer », je te propose de prendre un temps pour réfléchir avant d'agir. Je comprends tout à fait qu'on puisse en arriver à penser tout cela (je l'ai vécu), mais lorsque l'on est dans cette situation, on est très fragile et des personnes malintentionnées sauront en abuser. Je crois qu'aller parler de ton désespoir à un·e psychologue serait bien plus salvateur pour toi durant cette errance médicale.

- Si la réponse est « parce qu'on m'a dit d'y aller », je te conseille de refaire un petit tour dans les chapitres précédents (et le suivant) pour trouver des pistes afin de te sentir à nouveau souverain·e de ton parcours.
- Si la réponse est « parce que je suis curieux·se », pèse bien la balance du bénéfice/risque de ta témérité ! Moi aussi je suis très curieuse, mais j'évite d'assouvir ce penchant lorsque je suis en difficulté, c'est un chemin savonneux qui peut facilement nous faire glisser, sans même nous en rendre compte, vers des pratiques inutiles, voire dangereuses.
- Si la réponse est « parce que j'ai envie d'un temps pour moi et/ou de me détendre », alors garde bien en tête que le rendez-vous n'a pas d'autre vertu et que c'est parfait comme ça !

➜ Est-ce que le·la praticien·ne juge la médecine ou survalorise les pouvoirs de la sienne ?

Si c'est le cas, la séance proposée ne va certainement que t'éloigner de ton rétablissement. Seul·e·s des professionnel·le·s de santé sont habilité·e·s à poser des diagnostics et à proposer des traitements pour soigner les causes organiques des maladies.

➜ Est-ce que le·la praticien·ne trouve des problèmes là où tu n'en avais pas en y allant ?

C'est un grand classique des dérives, tu vas chez un·e praticien·ne pour, par exemple, un problème de genou. Lors de la séance, on te dit qu'il est causé par un traumatisme psychique, du type un chagrin d'amour en maternelle, un avortement clandestin qu'a subi ton arrière-grand-mère ou des mauvaises actions que tu aurais commises dans une autre vie et pour lesquelles tu devrais te repentir. On se sent toujours touché·e par les histoires que ces techniques font ressortir parce que l'on a tous·toutes des souvenirs douloureux… Mais ils sont très rarement les causes directes de nos problèmes aux genoux. En revanche, toutes ces causalités inventées créent des besoins factices, pouvant mener à une dépendance aux techniques du·de la praticien·ne et à son emprise.

➜ Est-ce que j'en ai les moyens ?

Les soins complémentaires étant des dépenses de confort, je pense qu'il est vraiment justifié de se poser cette question. Il ne faut pas oublier que la plupart du temps, on nous suggère d'entamer un suivi régulier. J'ai connu trop de personnes en souffrance qui me disaient ne pas avoir besoin d'entreprendre une psychothérapie alors qu'elles étaient suivies par des praticien·ne·s non conventionné·e·s : attention à ne pas faire de choix mettant ta santé en danger.

➜ Est-ce que le·la praticien·ne suggère fortement qu'il serait utile de poursuivre par d'autres séances ?

Ne te sens jamais obligé·e de prendre d'autres rendez-vous. Si tu ressens une pression ou que l'on cherche à te convaincre de cette nécessité, fais bien attention à toi.

➜ Est-ce que le·la praticien·ne me fait du *love-bombing* ?

C'est encore un classique des techniques d'emprise ! Il est très courant qu'au début d'un suivi, les praticien·ne·s à qui l'on aura beaucoup de choses à reprocher par la suite nous reçoivent avec l'accueil le plus chaleureux du monde. Méfie-toi très fort de ceux·celles qui te flattent, qui sont trop amicaux·ales, qui te prêtent des dons et parlent de toi comme si tu étais une personne qui sort de l'ordinaire. Ces paroles font beaucoup de bien quand on a une estime de soi en berne, mais elles sont un signe précurseur de danger à garder en tête. La roue tourne très vite et les praticien·ne·s faisant du *love-bombing* peuvent alors développer des comportements d'humiliation et de jugement lorsque tu leur fais entièrement confiance.

LA PROMESSE HOLISTIQUE : ENCORE MEILLEURE QUE LE CHOCOLAT

On entend énormément ce mot très à la mode, « holistique ». Beaucoup de thérapeutes ou coachs l'utilisent pour définir ce qu'ils·elles proposent comme service. La promesse de l'holistique, c'est de s'occuper de l'être humain bien au-delà de son corps : son esprit, ses émotions, ses pensées… Mais peut-on réellement croire à cette promesse ?

Nous l'avons déjà dit plus haut : holistique ou pas, si la personne n'est pas professionnelle de santé, son rôle n'est pas de soigner. La promesse holistique souligne avant tout que le·la client·e sera écouté·e et que personne n'ira émettre de jugement face à ses douleurs, comme dire que ce qui lui arrive « c'est dans la tête ». L'idée de s'occuper de la personne en souffrance sans la réduire à ses symptômes est très attrayante, car c'est actuellement le point faible du monde de la santé.

Cependant, si l'on y réfléchit, n'y a-t-il que les coachs ou auto-proclamé·e· s thérapeutes qui ont une démarche holistique ? En réalité, pas du tout ! C'est également le cas des médecins qui prennent le temps d'écouter leurs patient·e·s et de les aider à accéder à des aménagements dans leur quotidien pour vivre mieux. C'est aussi le cas des psychologues clinicien·ne·s dont la démarche est nécessairement holistique : ils·elles accueillent leurs patient·e·s avec tout ce qui les compose.

Des symptômes psychosomatiques

Beaucoup de thérapeutes se prétendant holistiques appuient le travail qu'ils·elles proposent sur le fait que les émotions ou les traumatismes peuvent aboutir à des problèmes physiques et que s'en occuper permettrait le rétablissement. Cela n'est pas nouveau : tu connais peut-être ce phénomène sous le nom de « causes psychosomatiques ». Les psychologues s'occupent de ce genre de dynamique quotidiennement, notamment pour calmer les manifestations physiques de l'anxiété. Aussi, il arrive régulièrement que la médecine évolue et trouve des causes organiques aux souffrances qui étaient considérées comme étant des détresses somatiques auparavant : ce fut le cas de la fibromyalgie ou de l'endométriose, par exemple.

En revanche, la démarche holistique telle qu'on la trouve de nos jours dans les sphères non conventionnées est souvent à côté de la plaque : pour être réellement holistique, il faut aussi considérer que les problèmes physiques peuvent avoir un impact sur la santé mentale. Cela va dans les deux sens ! Or, bien souvent, c'est un volet dont on entend peu parler… Est-ce parce que ce sont seulement les professionnel·le·s de santé qui peuvent agir dessus ? C'est une question importante.

Est-ce que la promesse holistique est finalement autre chose qu'un discours marketing qui tente de nous vendre une méthode « alternative », alors qu'il s'agit d'une démarche qui devrait être au cœur de tous les parcours de soins ? Au bout du compte, une démarche réellement holistique est ce que souhaitent la majorité des patients, et nous continuons à nous battre pour qu'elle soit davantage intégrée dans le parcours de soins plutôt que reléguée aux praticien·ne·s qui n'ont pas de formation médicale.

Spiritualité et dérives new age

La spiritualité est un sujet très peu abordé dans les milieux de la santé en France, parce que c'est un pays qui hisse haut la laïcité dans ses valeurs communes. Ce n'est pas forcément le cas dans d'autres contrées. Au Canada, pays précurseur de la pair-aidance, on ose dire que la spiritualité peut être un pilier du rétablissement. Tout comme les activités de bien-être, le lien social ou les perspectives d'intégration professionnelle, la spiritualité ne soigne pas les pathologies, mais peut aider à se rétablir.

Nous sommes toutefois dans une période où le sujet est particulièrement houleux : d'une pratique sans honoraires, la spiritualité s'est développée pour devenir entrepreneuriale, avec son lot de soldes et d'offres commerciales. Je doute que ce soit de ce genre de spiritualité que mes pairs canadiens parlaient quand ils·elles évoquaient le fait de se maintenir dans une foi pour entretenir l'espoir et trouver du sens à nos vécus.

Quoi qu'il en soit, les meilleures croyances spirituelles à nourrir sont celles qui ne t'éloignent pas de ton parcours de soins ni ne prétendent le remplacer.

MA RECO

Dans son livre *L'Espèce fabulatrice* (Actes Sud, 2008), l'audacieuse Nancy Huston nous explique à quel point l'humain est voué à raconter des histoires pour donner du sens à la vie. Je conseille cette lecture à toutes les personnes intéressées de près ou de loin par la spiritualité, les récits de l'humain, les grands contes et les éternels mythes : elle permet de rester sur terre tout en chérissant les histoires qui nourrissent nos vies.

SAIS-TU CE QUI SE CACHE DERRIÈRE LE MARKETING DE LA SPIRITUALITÉ AU SERVICE DE LA SANTÉ ?

On pourra se dire que les personnes intelligentes sont préservées des croyances fallacieuses, ou qu'un certain niveau d'éducation protège des dérives, mais ce n'est pas aussi simple que cela[37]. En réalité, de nombreux biais pèsent dans la balance. Pour illustrer tout cela, je vais te raconter quelques anecdotes de ma propre histoire.

Lorsque j'étais beaucoup plus jeune, j'ai rejeté la majorité des médications en bloc parce que j'avais mal réagi à l'une d'entre elles, et j'étais terrorisée de me sentir à nouveau en difficulté à cause d'un traitement qui était censé m'aider. Cette peur m'a souvent empêchée de consulter alors que j'en avais besoin, parfois elle m'a aussi fait édulcorer mes symptômes pour qu'un médecin ne retente pas l'expérience. Je manquais clairement d'esprit critique, pas forcément d'intelligence : je savais exactement quoi cacher ou quoi dire à un médecin pour obtenir l'ordonnance que je souhaitais.

37. *Au cœur de l'esprit critique*, Séverine Falkowicz, Clément Naveilhan et Mr Contra-Dico, Eyrolles, 2023.

Puisque j'avais décidé d'avancer sans certains traitements, mais aussi parce que je ne me sentais pas écoutée par les médecins, j'ai été très attirée par les méthodes dites naturelles. Comme beaucoup de personnes malades, j'ai dépensé beaucoup d'argent dans des compléments alimentaires ou des produits qui étaient censés m'aider, et j'y ai cru. Et, comme beaucoup, j'y ai tellement cru que j'ai souhaité moi aussi faire partie du joli monde de la médecine dite naturelle. Je me suis formée à une méthode alternative et j'ai ouvert mon propre cabinet. Dans mon esprit, rien de tout cela ne pouvait me faire de mal, ou faire du mal aux autres. Et cela aurait pu être le cas… Mais ce n'est pas ce qu'il s'est passé.

Lorsque les pratiques alternatives ne prétendent pas remplacer la médecine, elles peuvent être inoffensives, et les client·e·s qui y adhèrent y trouvent souvent l'impression d'un havre de paix, une écoute, un lieu où évacuer leurs émotions, un espace où se réinventer. J'y ai travaillé d'arrache-pied, je m'étais posé une éthique solide. Mais malgré moi, peu à peu, au fur et à mesure des formations auxquelles j'ai assisté, en prenant contact avec d'autres praticien·ne·s, je me suis mise à côtoyer des croyances new age. Le new age est un mouvement très présent à l'heure actuelle : c'est de cette philosophie que viennent les termes de « pensée positive », « loi de l'attraction » ou encore « mission de vie ». Or, si penser très fort à la guérison suffisait à se rétablir, nous n'aurions besoin ni de la médecine ni de la spiritualité. Sous couvert d'une promesse d'évolution spirituelle, elle développe des dérives sectaires, crée de nouveaux traumatismes à ceux·celles qui viennent y chercher de l'aide, rend ses adeptes dépendant·e·s de maîtres à penser et est à l'origine d'un business immense.

DANS LE VISEUR DE LA MIVILUDES

Toute cette mouvance est surveillée de près aujourd'hui par la Miviludes, la mission interministérielle de vigilance et de lutte contre les dérives sectaires, et ce n'est pas pour rien[38]. Le new age émerge de la théosophie, un mouvement aux liens étroits avec les courants complotistes, extrémistes et colonialistes[39]. Ceux·celles qui y adhèrent ne le savent pas et souhaitent simplement adhérer à une envie commune de créer un monde meilleur. Si la Miviludes a le new age dans le viseur, c'est aussi parce qu'il est très compliqué d'en démanteler la structure : il n'y en a pas. Le modèle de la secte avec un gourou identifié, une structure et des adeptes s'est étiolé : de nos jours, la philosophie new age se répand avec un fonctionnement pyramidal. Un·e utilisateur·rice devient un·e acteur·rice qui touche d'autres utilisateur·rice·s, qui eux·elles aussi deviennent des acteur·rice·s. Et ce modèle économique est très fructueux : il y a une industrie grandissante du new age sur Internet, dans les rayons spiritualité des librairies, dans les salons bien-être, dans les cabinets des praticien·ne·s. Cela brasse, vraiment, beaucoup d'argent.

La dangereuse interprétation des épreuves

Au-delà des considérations morales, il y a un énorme problème dans ces philosophies concernant la santé. Dans de nombreuses pratiques alternatives, on interprète les symptômes d'une personne malade pour en trouver un sens psychologique. Dans le new age, certain·e·s entendent « le mal a dit » derrière le mot maladie. Ainsi, les problèmes de santé seraient des épreuves à vivre pour évoluer, des mystères à comprendre pour guérir : bref,

38. Le rapport d'activité 2021 de la Miviludes est disponible en ligne : https://www.miviludes.interieur.gouv.fr/

39. N'hésite pas à te renseigner sur les origines du new age, dont les prémices ont été théorisées par Helena Blavatsky, fondatrice de la société théosophique à New York en 1875. Elle a écrit deux ouvrages principaux : *Isis dévoilée* et *La doctrine secrète*. Le compte Instagram @derives. spirituelles explore longuement ce sujet.

ils serviraient à quelque chose. Cette pensée peut être tentante, et je suis moi-même tombée dans ce panneau : donner du sens à l'injustice terrible qu'est une maladie, ça aide à tenir le coup.

Cela entraîne toutefois des problèmes de taille : les patient·e·s en viennent à se sentir responsables de leur maladie. Chez les praticien·ne·s alternatif·ve·s touché·e·s par la pensée new age, le « c'est dans votre tête » des médecins devient alors « c'est de ta faute ». Les deux sont à combattre et les voix commencent peu à peu à s'élever contre cette façon terrible qu'ont de nombreux·ses praticien·ne·s non conventionné·e·s d'asséner que ce serait notre âme qui aurait choisi, bien volontairement, de vivre un chemin de vie difficile pour apprendre et évoluer vers un meilleur soi.

Si jamais tu ne vois pas où est le problème, imagine alors ce qui peut se passer dans la tête d'une femme qui a vécu des violences sexuelles... Elle est encouragée à croire qu'elle est responsable de ce qu'elle a vécu. Le coupable, lui, en devient presque un vecteur de guérison : certains se mettent à penser qu'il « fallait en passer par là » pour aller mieux.

Par ailleurs, en se sentant coupables des difficultés qu'ils·elles traversent et responsables de leur guérison, il n'est pas rare qu'ils·elles développent des troubles de la santé mentale. En effet, l'estime d'eux·elles-mêmes peut chuter très lourdement, la dépression s'installer, les troubles anxieux se développer, sans compter que donner moins d'importance au parcours de soins classique peut empêcher de bénéficier des traitements nécessaires.

Beaucoup y perdent aussi leur argent, ce qui les entraîne dans une spirale complexe. Au-delà des séances qui sont souvent fréquentes et répétées, on nous invite à acquérir de nombreux outils censés optimiser notre guérison. Les personnes qui sont sorties de ce genre de dérives sont souvent dépitées quand elles découvrent les sommes englouties et qui n'ont conduit à aucun soulagement durable. Aussi, les plus malveillant·e·s des praticien·ne·s n'hésitent pas à dire que lorsque l'on ne ressent pas de bienfaits, c'est que l'on n'en a pas fait assez, ou que cela prend du temps. Ils·elles affirment qu'il y a encore autre chose « à nettoyer », comme si tout ce que l'on incarnait alors était à jeter pour n'en garder que l'essence de notre être.

MA RECO

Le podcast Méta de Choc animé par Élisabeth Feytit est une mine d'or pour explorer toutes les dérives que l'on peut retrouver dans le milieu du bien-être, du développement personnel ou de la spiritualité. Spécialiste de la métacognition, elle nous encourage à prendre du recul et à questionner les origines de nos pensées, de nos certitudes, de nos croyances. Elle y accueille de nombreux·ses invité·e·s qui ont vécu des mésaventures parfois très graves et qui prennent le micro pour les dénoncer.

LES DÉRIVES ET LES CROYANCES FALLACIEUSES EXISTENT AUSSI DANS LE MILIEU MÉDICAL

Aucun diplôme ne protège des croyances fallacieuses ! Il est tout à fait possible de tomber sur un·e professionnel·le de santé qui adhère à des pseudosciences, voire qui participe à des dérives sectaires. Cela m'est d'ailleurs arrivé il y a quelques années, et je ne m'en suis rendu compte que bien plus tard. J'ai connu un médecin généraliste qui m'a dit que personne ne me donnerait un traitement pour ma tumeur à l'hypophyse : je l'ai cru, parce qu'il était médecin. Or, c'était faux. Si tu croises un médecin qui manifeste une défiance contre les traitements, notamment sur les tumeurs, méfie-toi : il existe un courant appelé la médecine anthroposophique surveillé activement par la Miviludes. Ceux·celles qui y croient voient des signes spirituels dans ce genre de maladies et cherchent à prodiguer des traitements alternatifs pour remplacer les soins médicaux dont l'efficacité est, elle, appuyée par des recherches scientifiques[40].

Autre gros hic auquel j'ai été confrontée dans mon parcours médical : le trouble du spectre de l'autisme n'est pas reconnu par certain·e·s psychiatres d'orientation psychanalytique. En effet, ce courant de pensée a longtemps considéré que l'autisme venait de maltraitances maternelles, une hypothèse rejetée par le consensus scientifique depuis de nombreuses années. Par ailleurs, la psychanalyse n'a développé aucune thérapie fonctionnelle pour accompagner les personnes autistes. J'ai rencontré à deux reprises des psychiatres qui semblaient ne pas considérer les études scientifiques sur le trouble du spectre de l'autisme : l'un m'a accompagnée avec une cure psychanalytique ne correspondant pas à mes besoins, l'autre m'a dit de « laisser l'autisme de côté » lors d'une période de grande difficulté (ce qui n'est pas possible, ce n'est pas une paire de chaussettes que l'on peut enlever). Tous deux ont cherché à me « guérir » en ne prenant pas en compte le fait que l'autisme est un trouble du neurodéveloppement et non pas une maladie.

40. À écouter, le podcast Méta de Choc, #Shocking5, *Une vie en anthroposophie*, avec Grégoire Perra, professeur de philosophie.

MA RECO

Si tu souhaites en savoir davantage sur les travers et les dérives de la psychanalyse, je te conseille de plonger dans le travail de Jacques Van Rillaer. Il a notamment publié *Les désillusions de la psychanalyse* aux éditions Mardaga, en 2021. C'est aussi l'invité du podcast Méta de Choc, épisode #Shocking25, *Que vaut la psychanalyse ?*. Il est important de savoir que de nombreux préceptes de la psychanalyse sont critiquables et infondés, mais surtout de ne pas oublier qu'il s'agit d'une thérapie existentielle et qu'elle ne peut pas forcément accompagner à elle seule un·e patient·e vers le rétablissement. Aussi, elle n'est pas préconisée pour se rétablir d'un trouble psychique, surtout lorsque celle-ci ne te parle pas : tout le monde n'a pas besoin d'une thérapie si longue, ou encore de parler longuement de son passé, notamment familial. Il existe d'autres voies, et l'on oublie trop souvent de le dire.

ET BIG PHARMA DANS TOUT ÇA ?

De nombreuses théories du complot se projettent sur le monde médical. Ce qui est réel, c'est que le milieu du médicament est un business soumis à l'économie capitaliste, et qu'il a besoin d'être très contrôlé. Il y a une course au profit, c'est un fait. Toutefois, on peut aussi prendre le temps de regarder le pendant positif de ce modèle : les laboratoires sont en compétition pour trouver de nouveaux remèdes, et cela stimule et fait fonctionner la recherche. Et il y a encore tellement de maladies que l'on ne sait pas guérir…

Si tu veux savoir si ton médecin reçoit des cadeaux de la part des laboratoires, tu peux le rechercher dans la liste Transparence Santé mise en place par le gouvernement[41]. Là encore, n'oublie

41. https://www.transparence.sante.gouv.fr/

pas de relativiser : la médecin généraliste qui a fait le plus preuve d'empathie dans mon parcours était celle qui avait le tableau de bénéfices le plus rempli ! Et je suis persuadée qu'il y a aussi, à l'inverse, des médecins qui n'acceptent aucun cadeau, repas, séjour… mais qui sont aussi sympathiques qu'une porte de prison. L'avantage de cet outil, c'est en tout cas de permettre la transparence !

CE QUE LA SCIENCE A PROUVÉ
(MAIS SOUVENT ON NE LE SAIT PAS)

1. Les personnes à Haut Potentiel Intellectuel (HPI) ne souffrent pas plus que les autres, s'il existe des difficultés, elles trouvent leur cause ailleurs.
2. Personne n'est plus cerveau gauche ou cerveau droit : les deux hémisphères travaillent toujours ensemble.
3. La recherche en épigénétique n'a pas prouvé que l'on héritait des traumatismes de la part de nos ancêtres par les gènes.
4. Les phases du deuil n'existent pas : le deuil peut prendre beaucoup de formes et les émotions ne se traversent pas forcément dans un ordre précis.
5. Le syndrome du jumeau perdu, les heures miroirs, les synchronicités, la loi de l'attraction sont des inventions ésotériques ou new age qui ne sont basées sur aucun fondement scientifique.
6. La théorie des flammes jumelles n'est pas une thèse psychologique valide : la plupart des personnes pensant être dans une relation de flammes jumelles sont en réalité dans une relation a minima toxique, au pire abusive.

LES *RED FLAGS* DANS LE PARCOURS DE SOINS

1. Une formation floue.

2. Un avis défavorable sur la médecine.

3. Le fait de prétendre mieux connaître tes besoins que toi.

4. Affirmer que c'est bon signe que tu te sentes mal après les séances, que quelque chose est en train de travailler en toi.

5. Tisser une relation d'attachement avec toi.

6. Hisser la spiritualité au rang de solution totale.

Aux aidant·e·s

Prenez soin de vos proches en les protégeant des dérives. Repérez les différents signes qui peuvent vous alerter :

- L'arrêt d'un traitement ou l'annulation de rendez-vous médicaux.

- Des difficultés financières, une demande d'aide financière de votre part.

- Une radicalisation dans les croyances, notamment une omniprésence de certains schémas de pensée : le fait de tout analyser en fonction de celles-ci.

- Une sensation d'attachement fort à un·e thérapeute, un·e praticien·ne, et même un·e professionnel·le de santé, le fait de le porter aux nues et de ne se référer qu'à lui·elle.

- Un isolement, une mise à l'écart des cercles habituels, ou encore de nouvelles fréquentations ayant des croyances similaires qui prennent soudain beaucoup de place.

Une thérapie, ça fait aller mieux. Il n'est pas normal ni acceptable que l'on se sente plus mal après un rendez-vous chez un·e (psycho) thérapeute (peu importe le type de thérapie). Il peut arriver que l'on pleure, que l'on évoque des choses difficiles et que ça remue, mais c'est le rôle d'un·e thérapeute que de t'aider à traverser tout cela et de te donner des outils pour avancer. Aucun symptôme n'est voué à s'amplifier et si un·e thérapeute te dit que c'est normal, que tu es en train de te nettoyer, que « ça sort », je te conseille très fortement de sauver ta peau, ta santé mentale et ton porte-monnaie, et de prendre la porte !

Tu as le droit d'aller mieux. Oublie ces histoires : ce qui ne tue pas ne nous rend pas plus fort·e… Il ne faut pas souffrir pour aller bien. Il ne faut pas souffrir pour aller mieux.

CHAPITRE 5

~~CE QUI NE TUE PAS REND PLUS FORT·E~~

Se rétablir rend plus fort·e

Sur le chemin du rétablissement

Les expériences de vie nous font évoluer, et la maladie n'y fait pas exception. Certain·e·s rescapé·e·s s'accrochent au fait qu'ils·elles ont découvert beaucoup de choses sur eux·elles-mêmes, et disent même que leur maladie les a fait grandir. Malgré tout, je ne vais pas te vendre l'expérience de la maladie comme une aventure propice à ton évolution… La vérité, c'est qu'être malade, ça craint. On peut se raconter toutes les histoires que l'on veut, rien ne justifie l'errance, la peur, la souffrance, la solitude. Si l'on peut tout à fait apprendre à tirer du positif de chaque situation ou à ne pas ruminer les difficultés passées, je ne crois pas qu'il faille forcément remercier la maladie ou la considérer comme un rite de passage pour accéder au rétablissement.

Lorsque j'ai mené des entretiens avec des personnes rétablies de troubles ayant comporté de longues errances médicales, elles m'ont toutes affirmé qu'elles détestaient cette phrase de Nietzsche : « Ce qui ne me tue pas me rend plus fort. » L'une d'entre elles a bondi : « Non ! Ce n'est pas la maladie qui m'a rendue plus forte ! C'est moi ! ». En entendant cela, j'ai souri. D'abord parce que je la comprenais mille fois : je ressentais la même chose. Et puis aussi parce que je me suis dit à quel point, contrairement à la maladie, le fait de se rétablir pouvait rendre plus fort·e.

C'EST QUOI « SE RÉTABLIR » ?

Loin de se contenter d'une absence de symptômes ou de la guérison d'une maladie, la philosophie du rétablissement s'étend bien plus largement. Dans son ouvrage dédié aux fondements du rétablissement[42], Jean-François Pelletier nous en offre cette définition : « Le rétablissement se présente comme un processus de changement par lequel les personnes améliorent leur santé et leur bien-être, mènent une vie autonome et s'évertuent à réaliser leur plein potentiel. »

Dans son guide pratique de réhabilitation psychosociale[43], Nicolas Rainteau nous donne également beaucoup de clefs autour de la notion de rétablissement, comme celles-ci :

- Il y a autant de définitions que de personnes.
- C'est un processus personnel fait de hauts et de bas.
- Le rétablissement dépend du point de vue de la personne sur sa situation, son évolution et son épanouissement.
- Cela implique de surmonter les défis des symptômes et de la maladie.
- Il s'agit de se reconstruire (ou simplement de se construire) en tant que personne.
- On « se sent rétabli·e », ce ne sont pas les autres qui nous trouvent rétabli·e.
- C'est une porte ouverte sur tous les rêves.

42. *Se rétablir en santé* mentale, Jean-François Pelletier, Elsevier Masson, 2021.
43. *Soyez Réhab*, Nicolas Rainteau, Elsevier Masson, 2022.

Des étapes à franchir

Ces définitions ont été données dans le cadre du rétablissement en santé mentale, mais je me permets de les élargir au rétablissement global de la maladie, qu'elle soit physique ou psychique. En effet, dans les deux cas, il s'agit de vivre les mêmes étapes : les premiers symptômes, les consultations d'investigations (parfois avec errance), le diagnostic, le parcours de soins, les traitements (avec leurs effets secondaires possibles), la fatigabilité, les changements en conséquence dans sa vie personnelle et professionnelle. Et puis, peu à peu, faire le chemin vers le rétablissement en trouvant comment stabiliser ou recouvrer sa santé physique ou psychique, mais aussi en mettant à l'œuvre un projet de vie relancé vers l'épanouissement. De plus, je me permets d'utiliser le terme « rétablissement » pour désigner également l'issue des maladies physiques, car elles entraînent bien souvent des difficultés de santé mentale liées au stress et au fait de se sentir empêché·e de vivre comme avant.

Se rétablir, c'est aussi franchir ce moment où l'on a assez d'énergie, grâce aux soins reçus, aux accompagnements, à la convalescence qui peut être nécessaire, pour se (re) lancer dans des projets au sein desquels notre maladie n'est plus au centre. C'est ici que l'on a besoin d'espoir, de réassurance. Je tiens à t'en couvrir ! Arrivera ce moment où tu te sentiras assez fort·e pour faire évoluer tes frontières intérieures, laisser de la place à d'autres facteurs que la maladie et ses conséquences, retrouver l'élan de construire à nouveau.

MA RECO

Il existe des MOOCs (des programmes d'apprentissage en ligne gratuits proposés par des écoles ou des universités) consacrés à la santé mentale et aussi au rétablissement. Je te conseille de taper « MOOC santé mentale » dans ton moteur de recherche pour trouver ceux auxquels tu peux t'inscrire. Le MOOC « Se rétablir un vrai délire ? »[44], co-créé par des établissements de santé suisses, ouvre régulièrement de nouvelles sessions et a été primé. Si tu as l'occasion d'y participer, fonce, il peut vraiment aider à la fois les patient·e·s et les aidant·e·s !

POSER DES MOTS SUR SES TROUBLES : EST-CE SE COLLER UNE ÉTIQUETTE ?

La peur de l'étiquette et d'être réduit·e à une maladie ou à un trouble est bien souvent un frein au parcours de soins. Chez les patient·e·s ayant reçu un diagnostic de trouble du spectre de l'autisme, deux écoles se chamaillent souvent : certain·e·s militent activement pour que l'on parle de personnes autistes, et non pas de personnes avec autisme ; d'autres refusent de se dire autiste par peur d'être réduit·e·s à un trouble. Personnellement, je fais partie de la première équipe pour de nombreuses raisons. Je ne crois pas que ce soit aux autres de décider comment je devrais me sentir, donc j'ai choisi de ne pas me référer à ce qu'ils·elles pourraient dire pour choisir comment appréhender ma condition autistique. Dans mes ressentis (appuyés par la réalité scientifique du trouble), je ne peux pas me séparer de l'autisme : difficile de m'en distinguer et de l'imaginer comme un petit accessoire que je pourrais décider d'emporter ou non avec moi.

En revanche, ce n'est pas parce que je suis autiste que j'en parle à tout va, que j'y pense jour et nuit, et que je me sens obligée

44. La plateforme où il se trouve est celle-ci : https://numerique.hes-so.ch/

d'informer tout le monde de mon diagnostic. L'autisme, c'est pour moi une caractéristique biologique avec laquelle je dois vivre, tout comme ma nature de cheveux ou ma taille. Alors certes, le trouble du spectre de l'autisme me cause bien davantage de challenges que mon mètre soixante-deux, mais ce que je veux dire, c'est que pour moi ce diagnostic n'a jamais été une étiquette, c'est plutôt un mot posé sur ma réalité.

Regarder la réalité en face

Que ce soit au niveau de la santé physique ou mentale, lorsque les médecins comprennent pourquoi on souffre, ils·elles savent vers quels soins nous orienter. Sans cette confrontation avec le réel, il paraît compliqué d'accéder aux soins, et donc au rétablissement. Ne pas vouloir d'étiquettes peut conduire à certaines dérives : des praticien·ne·s peu scrupuleux·ses surfent sur ces peurs et proposent des alternatives alléchantes qui tentent de faire penser que l'on peut se passer d'un avis médical, surtout quand celui-ci nous met dans l'inconfort. À force de ne pas vouloir être réduit·e à un trouble, on peut finir par se perdre totalement. Et cela peut vite arriver, malheureusement. Dans les dérives que l'on observe actuellement dans le monde de la santé, on vous promet de régler vos soucis en vous rééquilibrant ; et pourtant, s'équilibrer autour d'un trouble non traité, et parfois non identifié, ce n'est pas se rétablir du tout. La résilience, ce n'est pas cette acceptation-là. C'est davantage le fait de trouver la force de vivre à nouveau après des difficultés, de reconquérir son identité sans fuir la réalité. Et puis, la double peine est présente : si l'on refuse les soins dont on pourrait bénéficier, on se refuse aussi le fait de pouvoir se rétablir et de passer à une autre étape de sa vie.

Lorsque j'avais fait une publication sur les réseaux sociaux concernant la peur de l'étiquette liée au diagnostic, j'ai regardé par curiosité les profils des personnes qui affirmaient avoir choisi de vivre sans. Très souvent, j'ai eu la surprise de découvrir qu'elles se mettaient pourtant de nombreuses étiquettes : bon nombre d'entre elles se définissaient en dévoilant leur signe astrologique, leur orientation de genre ou simplement leur métier. Je me suis alors dit que c'était peut-être la maladie qui fichait la trouille, pas le principe des étiquettes.

La peur de s'identifier à une maladie

On peut craindre de s'identifier à sa maladie, de se sentir disparaître sous sa charge et ses symptômes. C'est ce qui peut arriver, avec plus ou moins de force, quand on souffre. J'ai l'impression que c'est souvent cela qui fiche la trouille : même quand le trouble n'est pas mortel, on peut sentir s'évanouir ce que l'on considérait comme étant notre identité. Cependant, refuser de se confronter à une potentielle étiquette n'empêche en rien de vivre ces difficultés, qui sont davantage liées à la souffrance que l'on traverse qu'au diagnostic posé.

La preuve, c'est que beaucoup de personnes se considèrent comme étant « de nature stressée ». C'est ce genre de schéma qui correspond, je pense, à des étiquettes. Il serait bien plus avisé de se dire « je traverse une phase sensible à l'anxiété » plutôt que « je suis de nature anxieuse ». Cela évite de se condamner et permet de distinguer notre identité du symptôme. Aussi, si l'on se pense comme étant quelqu'un de naturellement stressé, on ne peut pas prendre notre santé mentale au sérieux et demander de l'aide pour éviter tout un pan de souffrance. La manière dont tu te sens ne définit pas ton identité.

Quand j'étais enfant, on me disait souvent que j'étais une petite nature parce que j'étais souvent malade. Bien que le terme soit joli quand on le prend au pied de la lettre, il voulait dire que j'étais peu résistante aux aléas de la vie. Ce terme, qui a longtemps parlé pour moi, m'a collé aux basques parce que j'y ai cru. En devenant adulte, j'ai continué à me penser « petite nature » et à éviter d'entreprendre des activités challengeantes que je jugeais indubitablement pas faites pour moi. Lorsque j'ai rencontré celui qui deviendra mon mari, j'ai été surprise de constater que l'on pouvait me voir autrement que comme une petite nature. Lui me proposait des sorties auxquelles je n'aurais jamais pensé me convier, apeurée et convaincue de mon manque de résistance physique. Peu à peu, il m'a aidée à gagner en confiance en moi, jusqu'à partir ensemble durant cinq jours en trek, tente dans le sac à dos, sur les crêtes des montagnes des Vosges. C'était une expérience magnifique de laquelle je suis ressortie en jetant l'étiquette de la petite nature aux oubliettes. On peut dire non aux étiquettes, et surtout celles que les autres nous collent au front et qui ne nous aident en rien.

ALLER BIEN, ÇA VEUT DIRE QUOI EN FAIT ?

Pour beaucoup, aller bien signifie être sans problème. Mais qu'est-ce que cela voudrait dire, « être sans problème » ? Une chose est un problème pour l'un·e sans l'être pour l'autre. Pour certain·e·s le célibat est un problème, pour d'autres c'est un choix. C'est très subjectif tout cela. De plus, si aller bien signifie « être sans problème », on ne va pas bien très souvent ! Des embûches, contrariétés et imprévus, des chocs, des difficultés non anticipées et des déceptions, on en a tous·toutes, et très régulièrement. Si on attend une vie sans challenges pour se considérer comme étant rétabli·e, on risque de se condamner à traîner des casseroles (qui n'en seraient pas si on voyait la vie autrement !).

Et si « aller bien » c'était tout simplement se sentir régulièrement bien ? Avoir des moments de joie fréquents, même si ce ne sont pas des choses extraordinaires (c'est aussi très beau de pouvoir se réjouir de toutes ces petites choses qui nous donnent du baume au cœur). Voir que l'on progresse, peu à peu, lorsque l'on est en face de difficultés : ce peut être le cas dans un parcours de soins, franchir une étape, puis l'autre. Parfois on a l'impression de stagner, mais ce n'est jamais tout à fait vrai : chaque action et chaque démarche sont des pas vers le rétablissement. Tout ne porte pas toujours ses fruits, mais on avance en recherchant, en essayant, parfois même en tâtonnant. Lorsque l'on a des troubles de longue durée, on cherche forcément à en voir le bout, on trouve de l'énergie dans la construction d'une *happy end* de la maladie tant désirée. Mais il est vraiment essentiel de s'accorder des petites victoires aux étapes : c'est bon pour le moral et, peu à peu, cela nous fait changer notre perception des choses.

Pense à célébrer les avancées, même celles que tu pourrais juger anecdotiques parce que nécessaires : il y a bon nombre d'épreuves que l'on traverse sans vraiment d'autres choix (prendre un rendez-vous médical, aller faire une analyse, essayer un traitement, changer une habitude de vie…), mais ce n'est pas une raison pour ne pas se féliciter d'avoir fait ces gestes. Chacun d'entre eux est un geste d'amour pour nous-mêmes : à chaque pas que tu fais, tu te donnes de l'importance et de la valeur, tu reconnais tes besoins, tu fais preuve de responsabilité, tu prends soin de toi.

Besoin d'un *reset* ?

Peut-être que demain, si tu te souviens d'aujourd'hui comme étant une belle journée, tu auras tendance à te dire « oui hier était bien, mais ça y est, les problèmes sont revenus… ». Pourrais-tu te présenter les choses autrement ? Essaie de te dire « aïe, une difficulté est sur mon chemin, mais hier j'ai bien vu que j'avais toujours la capacité d'être en joie et je sais que ça va m'arriver à nouveau bientôt ».

Je discutais avec une collègue tout à l'heure qui est doula (Juliette du compte Instagram @wecandoula). Les doulas, ce sont un peu les pair-aidantes de la périnatalité : des personnes qui sont là pour t'informer, t'accompagner, te soutenir autour des grossesses. Alors que je lui confiais que j'étais fatiguée en ce moment et que ça pouvait avoir tendance à me faire focaliser sur le négatif, elle m'a donné un conseil qu'elle donne habituellement aux femmes enceintes : « Va dormir. » Elle m'a dit que parfois, tout ce dont on avait besoin, c'est d'un *reset*. Appuyer sur off, se reposer, et quand on ouvre les yeux, on aura peut-être (sûrement) déjà changé d'état d'esprit, ne serait-ce qu'un petit peu. Je lui pique ce conseil parce que je le trouve formidable. Je ne sais pas ce qu'il en est de ton côté, mais moi je pourrais tourner pendant des heures à la recherche d'une solution à mes problèmes alors qu'en réalité une simple sieste aurait peut-être pu me remettre les idées en place. Notre cerveau aussi a besoin de repos ! Une balade dans la nature peut faire le même effet, et c'est aussi le cas d'une soirée entre ami·e·s ou d'une activité qui nous ressource.

Aller mal, ça peut arriver à tout le monde

C'est quelque chose que l'on entend beaucoup dans le monde du développement personnel : on a aussi le droit d'aller mal, de pleurer, d'exprimer des émotions, d'être en colère, etc. Ce sont des choses qui arrivent à tout le monde. Simplement, elles sont souvent vécues dans l'intimité, pour ne pas être jugé·e ou pour se protéger : ce n'est pas simple de dévoiler sa vulnérabilité. Sois pourtant sûr·e que tout le monde s'est déjà senti mal. En réalité, nous vivons tous·toutes des émotions négatives régulièrement. Simplement, dans les moments de vie difficiles, on peut avoir tendance à les considérer comme des symptômes, des éléments significatifs qui montrent que l'on ne s'en sort pas. C'est un biais de pensée, et c'est souvent une bonne idée de prendre un peu de recul et de se concentrer sur autre chose.

« Aller bien », c'est aussi lié à une sorte d'injonction à la réussite. La société nous invite à grimper un escalier en permanence pour monter des échelons. Or, ce n'est pas forcément la clef du bonheur ! Se donner trop de défis à relever ne correspond pas toujours à ce que l'on désire vraiment. On peut être heureux·se simplement, sans chercher à ajouter quelque chose à notre vie si elle nous convient. Beaucoup disent détester la routine, l'ennui… Je dois avouer que moi-même, je n'aime pas trop m'ennuyer. Cependant, si j'ai bien remarqué une chose dans mon parcours, c'est que lorsque je traversais des périodes au cœur du cyclone, je n'attendais qu'une seule chose : avoir la paix ! As-tu déjà remarqué comme on a tendance à l'oublier quand on sort ne serait-ce qu'un peu la tête de l'eau ? Si une vie calme n'est pas un objectif séduisant pour toi, mais que tu dois tout de même en avoir une pour soutenir ta santé, je te conseille de voir ce concept à l'italienne : la dolce vita ! Dis comme cela, c'est tout de suite beaucoup plus sexy.

Le témoignage de Pierre, touché par une dépression surprise

« Avant la dépression, j'avais une vie parfaite : un boulot qui me plaisait, des ami·e·s bien présent·e·s, des conquêtes à gogo. Et puis, un jour, j'ai fini par m'attacher vraiment à quelqu'un. Tout aurait pu bien se passer, mais malheureusement, je suis tombé dans les méandres d'une relation toxique, et peu à peu, je me suis senti sombrer. Je n'avais plus goût à rien, je ressassais sans cesse les difficultés de ma relation, ces pensées tournaient en boucle dans ma tête. Avant de ressentir tout ça, je ne pensais pas que ce genre de choses pourrait m'arriver un jour. Mais la dépression, maladie qu'un psychiatre a fini par me diagnostiquer, m'est comme tombée dessus. Je me suis isolé pour ne pas être un poids pour les autres, et puis aussi parce que mes ami·e·s avaient tendance à me dire des choses comme « ne reste pas comme ça, secoue-toi » qui ne m'aidaient pas du tout et que je n'avais pas envie d'entendre. Maintenant que je suis rétabli, j'ai développé bien davantage de compassion pour les personnes ayant des troubles de santé mentale. En fait, tout cela peut arriver à n'importe qui… »

La menace fantôme : perdre son identité avec la maladie

On change forcément lorsque l'on vit avec de nouvelles conditions. Il y a la fatigue, les symptômes, des changements physiques possibles... et parfois, on ne se reconnaît plus. Il y a d'autres changements qui peuvent davantage s'opérer au niveau de la sensibilité, parfois même de la personnalité. Beaucoup de personnes ayant traversé une maladie longue disent ne plus être les mêmes. Et si l'adage « ce qui ne tue pas rend plus fort·e » semble à côté de la plaque, on note toutefois que les personnes malades savent en général se rendre plus fortes. Souvent, on entend de la bouche des personnes ayant traversé de grandes difficultés qu'elles ont beaucoup appris sur elles, ou encore qu'elles se sont rappelé à quel point il est important de goûter la vie, et son côté précieux que l'on peut avoir tendance à oublier. D'autres personnes ne parviennent pas à atteindre cet effet « résilience », car les difficultés des maladies peuvent être renforcées par un environnement de vie complexe ou précaire. On voit alors des personnes s'isoler, développer des peurs, parfois de l'agressivité pour qu'on les laisse tranquille. Le point commun, c'est finalement qu'il y a un changement : un avant, et un après.

Lorsque l'on est malade, on peut avoir beaucoup de mal à digérer que l'on change à cause de cela. On se sent chahuté·e, on peut trouver cela injuste de devoir s'adapter, évoluer. Pourtant, c'est quelque chose que l'on fait tout au long de la vie, que l'on soit malade ou non. Simplement, le fait que ce soit la maladie qui nous transforme rend tout cela très désagréable.

Aux aidant·e·s

Dans son livre *Soyez Réhab*[45], Nicolas Rainteau, lui-même psychiatre, écrit quelques mots sur l'identité du·de la patient·e avec une maladie psychique :

« Quels que soient le diagnostic, les symptômes, les traitements, les comptes rendus, il y a derrière chaque usager une personne qui est, a été et sera. [...] Ne jamais oublier la personne derrière la maladie. [...] Ne voir une personne que par le prisme de la maladie, c'est comme mettre des lunettes de soleil la nuit. On n'y voit rien, on tâtonne, on se trompe et on finit par faire fausse route. [...] La moindre réaction ? C'est un symptôme ! Le moindre refus de traitement ? C'est un manque de conscience de la maladie ! Le moindre mécontentement ? C'est le traitement qui ne marche plus ! Et c'est comme cela que de manière très insidieuse nous faisons disparaître doucement mais sûrement la personne derrière la maladie. »

Avec humour, le psychiatre nous raconte que si un·e patient·e est tendu·e et agité·e, ce n'est peut-être pas parce que le traitement ne fonctionne pas, mais parce qu'il·elle attend depuis quelques heures de pouvoir parler à sa famille, par exemple... Bref, on prend du recul et on prend en compte la personne au-delà du·de la patient·e, avec son identité et ses particularités !

LE RISQUE DE PERDRE SA SOUVERAINETÉ

J'aime bien utiliser une petite métaphore pour expliquer ce qui peut arriver : imaginons qu'à la base, on est souverain·e dans notre royaume intérieur. Tout va bien, on est bien assis·e sur son trône de roi·reine, et on se sent tenir les rênes de sa vie. Soudain, la maladie débarque, et une tempête s'abat sur le royaume. Par sûreté, on va se mettre à l'abri dans la cave en attendant que ça

45. *Soyez Réhab*, Nicolas Rainteau, Elsevier Masson, 2022.

passe. Pendant ce temps, notre trône de souverain·e est disponible. C'est alors que d'autres personnes peuvent décider pour nous de la marche à suivre. Les personnes à qui l'on donne notre confiance dans ces moments-là auront un impact très fort, et si leurs décisions sont mauvaises, on leur en voudra beaucoup ! Ce peut être le cas avec des médecins lorsque l'alliance ne se passe pas bien. Même chose avec nos proches quand l'un·e propose quelque chose qui ne nous convient pas. En fait, le problème, c'est que l'on ne se sent plus être aux commandes, et cela peut nous donner l'impression que l'on subit la situation et que les autres font de nous n'importe quoi. Il arrive d'ailleurs que ce soit vraiment le cas : dans ces moments-là, il est facile de tomber dans une relation d'emprise, dans des fausses croyances ou dans des dérives sectaires.

Et qu'est-ce qu'il est difficile de revenir prendre sa place de roi·reine quand on ne sait plus qui on est ! La première étape pour se reconquérir peut être de se recentrer sur le temps présent, et d'accepter, peu à peu, la personne que l'on est devenue pendant que l'on traversait cette épreuve. Et cette nouvelle personne, je te l'assure, tu peux en être fier·ère. Tu as traversé une tempête foudroyante, pris des risques, et tu as fait au mieux. Tel·le un·e aventurier·ère qui a passé des mois, voire des années, dans la jungle, tu peux être surpris·e par ton nouveau reflet dans le miroir. Cette surprise, c'est une émotion qui peut être difficile à accepter, et si c'est ton cas n'hésite pas à demander de l'aide à un·e psychologue. À chaque étape, il existe des personnes qui peuvent t'aider.

> **LA SANTÉ MENTALE AUTOUR DE LA MATERNITÉ OU DU PROJET D'ENFANT**
>
> La maternité n'est pas une maladie, mais elle chamboule fort au niveau de l'identité. Notre santé mentale est souvent mise à rude épreuve autour des grossesses, et on n'ose pas assez souvent se faire aider dans ces moments-là. Que ce soit lors de la période de préconception (ou du parcours de PMA), de la grossesse ou du post-partum, tu as le droit de demander de l'aide et un soutien psychologique, car tout cela peut-être très éprouvant (et ce n'est pas dans ta tête!). Les services en gynécologie et obstétrique des hôpitaux proposent souvent de l'aide psychologique et des groupes de parole autour du deuil périnatal. En cas de dépression post-partum, et si tu as du mal à créer du lien avec ton bébé, ils peuvent aussi t'aider. Il existe notamment des services mère-enfant où l'on peut t'accueillir, te soutenir et t'aider à franchir ce cap bouleversant qu'est la maternité. Tu n'es pas seule!

QUATRE SIGNES QUI DOIVENT T'ALERTER

Fais attention à ces points, si tu en coches au moins un, il est possible que tu traverses une période où tu ne te sens plus être le·la souverain·e de ta propre vie :

➜ Croire n'importe qui et n'importe quoi

Il peut arriver que l'on se sente si perdu·e que l'on perd son discernement. Quand on souffre, on aimerait une solution coûte que coûte, même si elle n'a pas fait ses preuves. Cela peut être dangereux pour toi et ta santé.

➜ Subir les décisions prises concernant ta santé

Il est important que tu ressentes la nuance entre faire avec la maladie, et s'abandonner à ce qu'il « faut » faire. Dans le premier cas, tu restes proactif·ve. Par exemple : on t'explique pourquoi il serait bon de tester tel ou tel traitement, tu comprends l'enjeu, partages tes craintes, et tu finis par prendre une décision éclairée et souveraine (peu importe laquelle). Dans le second cas, tu te sens complètement soumis·e aux processus sans avoir l'impression que tu as ton mot à dire. Et c'est ici que ton esprit critique est essentiel pour ne pas tomber dans un rejet global de la médecine ou dans des dérives qui auraient de lourdes conséquences sur ta santé.

➜ Ne plus entendre tes propres signaux d'alerte

Pendant une période de maladie, on peut facilement tout lui mettre sur le dos et penser que « c'est normal » de ne pas aller bien dans ce contexte. Dans une certaine mesure, ce n'est pas faux, évidemment. Mais maladie ou non, si l'on pleure depuis trois jours, c'est que l'on a besoin d'aide. On peut se mettre à accepter de subir beaucoup plus quand on ne va pas bien… et finir par en prendre l'habitude.

➜ Perdre la boussole de ta joie

On a naturellement tendance à aller vers ce qui nous apporte de la joie. Mais la maladie peut chambouler tout cela : on peut finir par diriger nos choix vers ce qui est le plus confortable, le plus sécurisant, le plus soulageant… et finir par oublier ce qui nous fait plaisir. C'est normal de développer des stratégies, mais il est possible que pour se rétablir il faille les démanteler une par une pour récupérer peu à peu ses réflexes habituels. Il n'y a aucun problème à avoir envie de confort, de sécurité, de soulagement : il arrive simplement que derrière ces choix se cachent des conduites d'évitement liées à la suradaptation constante que requiert la maladie. Là encore, des psychologues, et notamment ceux·celles qui pratiquent la thérapie cognitive et comportementale, peuvent être d'une grande aide !

Quatre clefs pour conserver ta souveraineté (ou la reconquérir)

➜ S'extraire du schéma de domination avec le personnel soignant

Comme tu as pu le lire dans les chapitres précédents, il est vraiment essentiel de ne pas te sentir soumis·e aux soignant·e·s ou de voir les médecins comme étant des autorités. C'est du passé toutes ces représentations ! Il est temps de les changer. Toi et le personnel soignant, vous êtes tous des êtres humains, égaux en droits. Ici, ce sont simplement vos rôles qui se distinguent, mais vous êtes des partenaires avec un but commun : ton rétablissement.

➜ Faire des choix en fonction de ton bien-être en priorité

Je sais que c'est souvent quelque chose de difficile à faire, et crois-moi je me bats contre ma tendance à privilégier le bonheur des autres. Mais lorsque l'on traverse une période difficile, on a besoin de penser à soi et de répondre à de nombreux impératifs qui se manifestent : besoin de temps à consacrer à son parcours de soins (ce qui peut vouloir dire être moins présent·e pour les autres), besoin de repos (ce qui conduit logiquement à faire moins d'efforts, pour aller dans le sens de la récupération), besoin de plaisir (ce qui invite à moins de compromis, pour compenser les déboires du quotidien qui font déjà assez baisser la dose de satisfaction personnelle). Beaucoup jugent cela égoïste, mais oublier de répondre à tes besoins risque d'allonger le temps qu'il faut pour te rétablir.

➜ Réussir à dire « non » pour retrouver de vrais « oui »

Lorsque l'on se déconnecte de ses envies parce que l'on se sent à côté de ses pompes, on peut faire preuve de moins d'enthousiasme et se sentir moins investi·e. Personnellement, j'ai longtemps été une habituée de la réponse « si tu veux » lorsque l'on me proposait quelque chose. C'était presque comme si je n'avais plus vraiment d'avis. Je trouve que c'est parfois plus facile de savoir ce que l'on ne veut pas plutôt que ce que l'on veut, alors si tu t'y reconnais aussi, pense à affirmer des « non »… cela t'aidera peu à peu à retrouver de vrais « oui » !

➜ Reconnaître le chemin parcouru comme un challenge relevé et non pas un pas de côté

On a tendance à penser que l'on a mis sa vie en pause pendant un parcours de soins compliqué ; il arrive en effet que l'on doive mettre de côté un certain nombre de choses. Cependant, considérer cela comme un pas de côté risque de te faire ruminer pendant longtemps, de te faire développer des regrets et de te faire te sentir en retard sur les projets que tu avais prévus pour toi. Voir ce que l'on a traversé comme un challenge relevé permet de garder une vision de continuité au lieu de se penser à l'arrêt. C'est vraiment important de ne pas oublier que pendant tout ce temps, on continue à vivre. La maladie n'est pas une pause dans la vie, même si elle nécessite beaucoup de repos.

MA RECO

Savoir s'affirmer, ça peut être très compliqué, surtout quand on se sent affaibli·e. Sur le sujet, je te conseille le livre d'auto-aide de Charly Cungi, *Savoir s'affirmer en toutes circonstances* (Retz, 2005). La méthode de l'auteur se base sur des techniques de psychologie cognitive et comportementale, et permet de prendre conscience de nos difficultés tout en bénéficiant de techniques solides pour les dépasser.

QUAND LA MALADIE FAIT TOUT CHANGER !

On entend souvent parler des ruptures malheureuses qui adviennent parce que la maladie est trop compliquée à gérer pour les partenaires, ou encore de changements de travail parce qu'une évaluation des conditions physiques ne permet pas de le poursuivre. Mais il arrive aussi que ces changements soient volontaires. La maladie peut faire émerger une sorte de grand cri de vie ! Je ne sais pas si c'est dû au fait que l'on se dit que la bonne santé ne peut tenir qu'à un fil, ou alors que l'on n'a vraiment plus envie de s'embêter avec ce qui nous pèse… Mais on a vu bien souvent des personnes décider de tout changer au cours de leur parcours de soins. Et si cela peut être très salvateur… ça n'en reste pas moins remuant !

On pourrait se dire qu'il ne faut surtout pas se bouleverser dans ces moments-là, qu'il serait préférable de se préserver un maximum. Et pourtant, ajuster nos habitudes de vie peut nous aider à redémarrer sur de nouvelles bases, et à ne pas perdre de vue le fait que malgré la maladie que l'on subit, on est capable de faire des choix. La plupart de ces décisions ne sont de toute manière pas prises à la va-vite, le quotidien des personnes malades le permet parfois difficilement. Je te parlais juste avant du fait de ne pas perdre de vue la direction que t'indique l'émotion de la joie, et c'est souvent elle qui fait reconsidérer certains aspects de nos vies.

→ Petits et grands changements

Parfois, ce sont juste des détails qui peuvent paraître insignifiants : changer de look ou d'attitude, démarrer une nouvelle activité de loisir, tisser des liens avec de nouvelles personnes, se mettre à parler de quelque chose que l'on gardait pour soi… Et pourtant, ces fameux détails montrent que l'on s'autorise davantage à s'écouter, à s'affirmer, ou peut-être simplement à rechercher qui l'on est et ce qui nous ferait du bien. Ce sont souvent de très bons signes. Attention toutefois aux actes impulsifs, aux conduites compulsives, aux prises de risques inconsidérées qui démontreraient davantage une fragilité qu'une reconquête de l'identité.

Dans d'autres cas, les changements seront plus profonds. Certain·e·s vont regarder en face le fait qu'ils·elles ne sont pas épanoui·e·s dans certaines de leurs relations. Durant les périodes de fragilité émotionnelle liée à la maladie, on peut aussi remuer de vieilles histoires et avoir besoin de les résoudre (en parlant avec les personnes concernées, en thérapie...). L'un des exemples les plus courants reste toutefois le changement de voie professionnelle : beaucoup de personnes se rétablissent en ayant envie de donner du sens à leur métier, d'avoir la sensation de servir à quelque chose. On voit beaucoup de réorientations professionnelles pendant un rétablissement. De nombreuses personnes s'orientent vers un métier d'aide à l'autre après avoir été malades, comme pour s'engager là où elles ont été elles-mêmes en difficulté. Attention, pour certain·e·s ce sera une nouvelle vocation trouvée, pour d'autres juste une passade. Il arrive aussi que l'on souhaite ne plus avoir affaire à l'environnement du soin ou de la relation d'aide après une période de maladie, afin de pouvoir librement penser à autre chose.

Aux aidant·e·s

Si votre proche change en période de maladie, ne paniquez pas. Cela arrive très fréquemment ! Si toutefois quelque chose vous inquiète, vous pouvez lui en parler (en essayant au maximum de le faire sans jugement) : votre proche saura en général vous rassurer. Si ce n'est pas le cas, vous pouvez lui rappeler qu'il·elle peut se faire aider, que ce n'est pas une honte, bien au contraire ! Utilisez toutes les astuces présentes dans ce livre pour trouver des arguments en faveur de la demande d'aide (vous pouvez aussi le lui offrir !). Toutefois, s'il·elle souhaite simplement faire un saut en parachute, qu'il·elle en a l'autorisation du médecin et que c'est vous qui paniquez qu'il lui arrive quelque chose : prenez la responsabilité de votre émotion et laissez-le·la vivre. C'est lourd une maladie, on a besoin de moments divertissants où se reconnecter à la vie !

Le marathon du rétablissement

« C'est une course de fond, pas un sprint. » On dit souvent cela aux malades chroniques, et même si ce n'est pas faux, cela peut sonner rabat-joie aux oreilles des personnes qui sont très proactives dans leur parcours de soins. Je crois que finalement, ce qui compte, c'est de respecter son propre rythme. Il y a des personnes qui voudront s'investir, d'autres qui n'en auront pas la force et qui préféreront se laisser guider. On n'est pas obligé·e de tout lire, tout connaître, tout comprendre, tout essayer, pour se rétablir. Tant que l'on ne se sent pas perdu·e, c'est tout ce qui compte. Mais si quelqu'un a l'énergie de s'y mettre, c'est peut-être simplement qu'il en a besoin.

Plutôt que de juger ton implication (qu'elle soit moindre ou très forte), je crois qu'il est surtout essentiel de s'autoriser à fluctuer. Il y a des périodes où on soulèverait des montagnes, d'autres où l'on a besoin de tout oublier. Alors, oui, quand on regarde le parcours de rétablissement dans sa globalité, on dirait un marathon… Mais pour beaucoup de malades, le quotidien contient des petits sprints et des grandes vacances. Souvent, les périodes de rendez-vous et de soins s'enchaînent à un rythme très (voire trop) soutenu, parce qu'il faut suivre le tempo des traitements, des analyses à faire, etc. Et ensuite, il y a l'attente où se côtoient l'espoir, la peur et peut-être l'ennui. Ces deux derniers points sont à surveiller, car ils peuvent vite muer en mélancolie, en tristesse, en angoisse et mener parfois à des troubles dépressifs ou anxieux. Si c'est ton cas, sache que tu es légitime à demander de l'aide, et surtout : ce n'est pas parce qu'on côtoie la dépression ou le trouble anxieux une fois (ou plusieurs fois) que l'on va l'avoir en colocataire toute sa vie.

TROIS CHOSES PEUVENT T'AIDER À TENIR LE RYTHME DU PARCOURS DE SOINS

➜ Apprendre à connaître ton propre rythme et tes signaux d'alarme

Il y a des moments où l'on ne peut pas faire de pause parce que le timing du parcours de soins s'impose, mais rien que de reconnaître que celui-ci est trop rapide ou au contraire trop lent nous connecte à ce que l'on ressent. J'insiste, mais être suivi·e en psychothérapie peut vraiment nous aider à soutenir ce rythme.

➜ Constituer ta clique de personnes-ressources

Si tu ne sais pas qui contacter lors des périodes challengeantes, travaille à créer ta liste de personnes-ressources. Certain·e·s sont mieux entouré·e·s que d'autres, mais fort heureusement il existe aussi des solutions pour ceux·celles qui sont isolé·e·s. Si tu as un·e ami·e ou un·e proche avec qui tu te sens très à l'aise pour parler, mets-le·la dans ta liste. C'est très important que ce soit une personne avec qui tu ne ressens pas de culpabilité. Parfois, il suffit d'une bonne discussion, franche et sincère, pour que tu puisses lever tes doutes sur le fait que tu ennuierais ton ami·e avec tes problèmes : ose avoir ce dialogue, il est salvateur ! La ressource essentielle que je te conseille, c'est d'être suivi·e par un·e psychologue. Beaucoup acceptent de suivre les personnes ayant des problèmes de santé de manière ponctuelle : tu n'es pas forcément obligé·e de t'engager dans une thérapie à séances régulières. Là encore, parles-en pour voir ce qui est le plus adapté à ta situation. Les groupes de parole et les associations peuvent aussi être d'excellents moyens de ne pas rester seul·e.

➜ Prendre des jours off dans ta quête de bien-être

Quand on souffre, se rétablir devient un travail à temps plein ! Mais même le·la plus acharné·e des travailleur·se·s n'a pas légalement le droit de bosser autant que le fait un·e malade pour son rétablissement… Il est essentiel de prendre des jours off. Certes, la maladie ne disparaît pas les soirs et les week-ends, mais on peut relâcher la pression en cessant d'être proactif·ve. Le temps off, ça permet aussi de se rendre compte que l'on peut toujours faire plein de choses agréables et que la vie continue. Et surtout, ça aide à se recharger, à se vider la tête, à ne plus être nez à nez avec ses difficultés.

MA RECO

Quand on est à l'arrêt, on a tendance à tourner en rond et à prendre la première activité possible qui nous tombe sous la main : errer sur son smartphone. Si l'on peut se dire « heureusement qu'on a cet outil fabuleux » pour rompre la solitude, faire des recherches, avoir de quoi s'occuper si l'on est hospitalisé·e, il a toutefois un effet pervers : celui de nous rendre accro et de ne pas voir les heures défiler. Pour éviter cela, tu peux configurer sur ton téléphone un certain temps d'écran à passer sur les différentes applications qui ont tendance à te happer. Tu peux également de toi-même mettre ton smartphone de côté, voire l'éteindre (personnellement ça me fait cet effet : « Rien ne va venir me perturber, c'est trop bien ») et trouver une autre activité à laquelle consacrer ton attention. C'est un excellent moyen de se souvenir de ce que l'on aime faire ! Attention, il paraît que tant que l'on voit son téléphone, même éteint, il continue à nous happer… Pense à le mettre dans un coin si tu ressens cette attraction perturbante.

Aux aidant·e·s

Pour vous aussi, il est essentiel de trouver des ressources. Pour les aidant·e·s ayant des proches atteint·e·s de maladies ou de troubles psychiques, il existe l'Unafam[46] qui est une mine d'or d'informations et de soutien. Pour ceux·celles dont les proches sont atteint·e·s de handicaps de toute sorte, il y a l'Unapei[47].

LA SANTÉ, C'EST UN SPORT DE HAUT VOL DONT TU ES LE CHAMPION !

Peut-être te sens-tu envieux·se ou triste, parfois découragé·e, lorsque tu observes des personnes réussissant d'incroyables défis à la télévision ? Souvent, on ne se rend pas compte qu'en parcours de soins, on traverse des épreuves que bien des sportif·ve·s auraient du mal à traverser. Si tu en doutes, je t'invite à réfléchir à un point crucial : l'entraînement. Contrairement aux grand·e·s sportif·ve·s, la personne malade ne s'est pas préparée à la compétition, à laquelle elle est inscrite d'office. C'est donc un énorme défi à relever sans y être entraîné·e : aucun·e grand·e sportif·ve n'aborde une épreuve de la sorte. Quand tu les entends dire « je tire ma force beaucoup dans le mental », il ne faut pas aussi oublier qu'ils·elles ont fait le choix de ces épreuves. Les personnes malades, elles, ne consentaient pas à vivre toutes les mésaventures qui leur sont tombées dessus. Alors si, de ton côté, ton mental ne suit pas, n'oublie pas que tu n'es absolument pas dans des conditions similaires.

Et pourtant, tu es là et tu avances. Pour tout cela, tu peux être incroyablement fier·ère de toi. Il est possible que, comme moi, tu te sentes un peu agacé·e quand on te félicite pour ton parcours : après tout, on ne l'a pas choisi ! On peut très vite se dire que si l'on

46. https://www.unafam.org/
47. https://www.unapei.org/

est fort·e, c'est parce que l'on n'a pas eu d'autre choix. Mais on n'en démérite pas pour autant, bien au contraire ! De mon côté, j'accepte bien plus volontiers les compliments sur ce que j'ai mis en place pour me rétablir, c'est-à-dire aller vers une vie équilibrée et épanouissante, plutôt que sur la lutte que j'ai livrée face aux difficultés qui se sont présentées. Peut-être que toi aussi, cela te parle ?

Si c'est le cas, prends le temps de regarder tout ce que tu as mis en place : les changements dans ton quotidien, les décisions qui ont pu parfois être difficiles, les avancées que tu fais pour récupérer une vie la plus douce possible. C'est toi qui as œuvré pour tout cela ! La force de survie n'est pas vraiment négociable, mais ce que tu fais pour aller mieux, c'est le signe de beaucoup d'amour, de volonté et de résilience.

ET SI TU CHAUSSAIS TES BASKETS ?

Bien manger, faire du sport, bien dormir : ça a l'air ennuyeux, mais ça fait du bien ! Une bonne hygiène de vie facilite le rétablissement. Avoir de bonnes habitudes alimentaires (celle de se faire plaisir en est une aussi !) soutient le corps pour qu'il ait tout ce qu'il lui faut. Bien dormir est une clef très soutenante de la récupération qu'il ne faut vraiment pas négliger. Enfin, l'activité physique est un excellent moyen de se remettre en forme.

Moi, je détestais le sport. À l'école, et encore davantage au collège, j'étais tout le temps dispensée parce que ça me provoquait des angoisses. La manière dont les cours d'éducation physique et sportive étaient donnés était très validiste et si l'on avait besoin d'aménagements ou de modulations, ce n'était jamais pris en compte. Lecteur·rice·s enseignant·e·s en sport, s'il vous plaît, faites bouger les lignes ! Donnez des objectifs atteignables à tous·toutes, ne stigmatisez pas ceux·celles qui ont du mal ou vous risquez d'offrir des remarques blessantes, mais aussi des peurs au ventre. Puisque cela s'était mal passé pour moi, je pensais que le sport n'était pas mon truc. Or, j'ai compris que l'activité physique, c'est l'affaire de tous les corps ! Ce n'est pas une question d'être ou non sportif·ve, c'est tout simplement un moyen de prendre soin de soi. Mais pour cela, il faut prendre en compte nos envies, nos objectifs (être en bonne santé en est un qui est totalement suffisant), nos besoins qui peuvent être spécifiques.

Un booster de santé physique et psychique

L'activité physique n'est pas uniquement soutenante pour une bonne santé corporelle, elle l'est aussi pour notre santé mentale. Elle déclenche un cocktail hormonal bénéfique à son bon équilibre et lorsqu'elle est pratiquée régulièrement, elle peut être considérée par les soignant·e·s comme un moyen thérapeutique au même titre qu'une médication ou une psychothérapie. Beaucoup de psychiatres recommandent l'activité physique pour maximiser le rétablissement. Cependant, si tu as vécu la même adolescence que moi à préférer bouquiner que te dépenser… cela peut t'effrayer de démarrer une activité physique.

Et pourtant, sincèrement, si je ne devais te donner qu'un seul conseil dans tout ce livre, ça serait de te remettre en mouvement, et surtout si tu as un trouble psychique ou plus simplement le moral dans les chaussettes. Trouve une activité qui te plaît, des conditions qui te conviennent, et tente !

Moi, je n'aurais jamais imaginé que je me mettrais à faire de la musculation dans mon salon avec des gros haltères : c'est pourtant ce que j'ai fait juste avant d'écrire ce paragraphe. Ça me plaît de faire quelque chose que l'on n'a trop souvent associé qu'aux hommes. Moi aussi j'ai le droit de m'approprier cette pratique, comme toi si ça te tente ! Concrètement, les résultats que j'ai obtenus sont ceux-ci : je n'ai plus mal au dos, mes douleurs de règles se sont drôlement atténuées, j'arrive à porter toute seule ma valise pour la mettre en hauteur quand je prends le train, et je me sens forte comme jamais ! Les effets que je préfère restent ceux qui sont liés à mon cerveau : ma fatigue cognitive est diminuée, j'arrive davantage à me concentrer, et mes variations émotionnelles sont beaucoup mieux régulées. Alors vraiment, si tu veux du changement, l'activité physique peut être une super corde à ajouter à ton arc !

MA RECO

Les méthodes toutes faites pour se rétablir, ça a l'air très facile. On trouve pléthore de livres pratiques sur l'alimentation, la remise en forme, le bien-être... Mon conseil, c'est de prendre ce qui te plaît dans tout ça, même si c'est une astuce d'un programme couplée à celle d'un autre. Ce qui compte, en réalité, c'est que tu manges plus équilibré en prenant du plaisir, que tu t'orientes vers des activités de détente qui te donnent envie de les faire régulièrement et que tu fasses des activités qui te font bouger. Si tu as des demandes spécifiques liées à ta condition physique, cognitive, émotionnelle et que tu sens que tu as besoin d'aide pour ne pas te porter préjudice et être sûr·e d'avoir un programme adapté, faire appel à des professionnel·le·s est une excellente idée. Il existe de merveilleux·ses coachs, nutritionnistes... Pour être certain·e d'être accompagné·e par quelqu'un de bon pour toi, n'hésite pas à suivre avec eux·elles les conseils que je t'ai donnés concernant les professionnel·le·s de santé !

S'ORGANISER POUR SOULAGER SA CHARGE MENTALE

Être en parcours de soins demande de l'organisation, car il faut penser à plein de petites choses en plus du quotidien qui peut déjà être bien chargé : les rendez-vous médicaux à prendre (et souvent, on nous demande de rappeler plus tard...), les examens à faire à des moments précis, les médicaments à ne pas oublier et à prendre dans certaines conditions, les exercices qui peuvent soulager, les allers-retours à la pharmacie à certaines dates, la vigilance à avoir sur les ordonnances à renouveler, etc. Tout cela se passe souvent avec une fatigue accrue, et n'empêche en rien qu'il faille aussi faire les courses, le ménage, à manger, les lessives, s'occuper des enfants si on en a ou encore tout simplement continuer à travailler lorsque l'on ne peut pas bénéficier d'un arrêt maladie.

Et au milieu de tout ça, il est logique que l'on cherche aussi à se faire plaisir, à avoir du bon temps et à se changer les idées en faisant des activités qui nous font du bien. Je ne sais pas si tu as déjà traversé cet état d'esprit bien étrange : souvent dans ces cas-là, organiser ses temps de détente devient aussi une charge mentale ! Face à tout ce qu'une personne malade doit gérer, elle devient sa propre secrétaire qui tente de caler des rendez-vous supplémentaires dans un emploi du temps déjà bien trop chargé. Alors, les moments de détente passent souvent à la trappe. C'est ainsi que beaucoup de personnes, malades ou non d'ailleurs, ne parviennent pas à prendre soin d'elles et clôturent ce dossier avec une grimace en disant « je n'ai pas le temps ».

L'astuce agenda & post-it

Puisque le volet organisation est un élément essentiel de mon propre rétablissement (en prendre soin compense beaucoup des symptômes des troubles du neurodéveloppement avec lesquels je vis), j'utilise pour ma part un agenda et un grand tableau. Dans mon agenda papier, je note tout avec un code couleur associé à chaque type d'activité. Ainsi, lorsque je vois que j'ai une semaine remplie de la couleur associée à mon parcours de soins, je sais que je vais devoir faire drôlement attention à moi, car le stress peut monter : cela me permet d'anticiper. Les semaines que je préfère sont celles qui sont multicolores, ce sont les plus équilibrées ! Je note mes temps de loisirs et de bien-être en leur accordant une importance similaire aux autres : sans eux, je m'enfouis sous mon boulot (qui me passionne et pour lequel je n'ai pas d'horaires imposés).

Quant au tableau, j'y colle des post-it colorés pour ne rien oublier des tâches (petites et grandes) qu'il faut que je fasse : c'est ma to-do list protectrice du déficit de l'attention. Les différentes tâches y sont aussi classées par catégories (travail, santé, paperasse, courses, etc.). Il y a une colonne qui concerne les tâches dont je vais m'occuper le jour même et que je compose la veille au soir : à chaque tâche faite, je retire le post-it, c'est très satisfaisant !

Je t'ai donné l'exemple de mon organisation, mais elle ne te conviendra pas forcément : à toi d'inventer la tienne ! N'hésite pas à tester plusieurs manières de t'organiser et à les ajuster. Moi ce que j'aime avec mon tableau de post-it, c'est que d'autres membres de la famille peuvent se charger des tâches spontanément sans que j'aie besoin de le leur demander !

TRAVAILLER SON IMAGINAIRE COMME LIEU DES POSSIBLES

C'est un volet sur lequel j'ai travaillé toutes ces dernières années et qui m'a énormément aidée à tenir le coup, à avancer et à me ressourcer : l'introspection créative est vraiment utile et inspirante. La magie est à la mode, et je pense que ce n'est pas pour rien : on a besoin de se sentir avoir un pouvoir sur les choses, et on a envie de le faire d'une manière qui sort de l'ordinaire. Malheureusement, on peut vite se mettre à imaginer que tout peut s'arranger juste en y croyant très fort… et tomber de haut ensuite.

En revanche, si l'on garde les pieds sur terre en ne perdant pas de vue que l'on utilise simplement notre imagination pour nous faire du bien, l'introspection créative peut vraiment nous donner une impression de magie douce, un baume sur nos soucis. C'est pour cela que j'ai développé des outils qui lient ces envies très actuelles tout en restant dans une pratique saine : celle qui ne t'éloigne pas des soins dont tu as besoin, mais qui t'occupe de manière ludique et créative dans les moments de vie où tu te sens bousculé·e, morose, impuissant·e ou encore lassé·e…

MA RECO

J'ai publié trois autres livres aux éditions Marabout qui sont des outils d'aide pour une introspection créative :

- *Mes petites routines Psychomagie pour chasser mes soucis* (2022) : il contient de nombreux exercices symboliques à faire pour se défouler, réguler ses émotions et finir en grands éclats de rire.

- *Déchaîne tes mémoires* (2022) : c'est un ouvrage qui t'invite à ne plus laisser le passé polluer ton présent. À travers la lecture de grands récits mythologiques, tu peux revisiter ta propre histoire et surtout aller de l'avant.

- *L'astrologie miroir* (2020) : loin de Madame Irma et de la promotion d'une astrologie divinatoire, je te propose de t'approprier le vocabulaire de l'astrologie pour raconter l'histoire que tu veux et reprendre le pouvoir sur ta narration.

Tu vois la place que j'ai donnée aux outils d'introspection personnelle dans ce livre ? Une sous-partie. Et je crois vraiment, alors même que je suis quelqu'un qui a créé ce genre d'outils, que proportionnellement, c'est la juste mesure qu'ils doivent avoir dans tes démarches pour ton propre bien-être alors que ta santé est affectée. Ils peuvent te soutenir efficacement, mais ne font pas tout.

Mais avec tout ce que je t'ai raconté dans ce livre, j'ai confiance en toi pour résister à l'offre alléchante des vendeur·se·s de guérison miraculeuse… et atteindre ce rétablissement tant désiré, et que je te souhaite si fort !

Conclusion

Cher·ère lecteur·rice, n'oublie pas que l'on a tous·toutes le droit de demander de l'aide et qu'un chemin d'apaisement peut se dessiner, pour peu à peu se solidifier. Personne ne devrait rester avec sa souffrance, ses douleurs, ses difficultés. De nombreuses solutions existent et j'espère que ce livre t'a permis d'en prendre la mesure. Peut-être que le chemin à parcourir te semble long, et c'est un sentiment bien légitime. Toutefois, ce que je peux te dire, c'est que d'expérience, chaque petit pas a son importance et a le pouvoir de te faire te sentir de mieux en mieux. Ces petits pas, on ne prend pas assez la peine de les savourer, de ressentir leur portée et de se féliciter de les avoir faits. Je trouve cela très dommage.

Chaque avancée est une victoire à fêter, chaque moment de paix et de soulagement est à considérer. Se rétablir, c'est aussi se rendre compte de tout cela, accepter les transformations et tout ce que l'on peut découvrir sur soi. C'est un parcours surprenant dont on ressort souvent différent·e, mais qui ne fait pas de nous une personne moins aimable, moins acceptable, moins capable d'épanouissement. Les changements sont toujours challengeants, mais apprendre à s'accepter tel·le que l'on est et à s'affirmer est un grand et beau bonheur. Je ne peux que te le souhaiter, quel que soit ton parcours. Oui, le rétablissement est possible.

LES CLEFS À RETENIR

J'espère que tu as pu remplir ta boîte à outils des ressources qu'il te manquait, des informations dont tu avais besoin, des conseils et des encouragements qui te serviront. Prenons le temps d'en récapituler les éléments essentiels :

1. Beaucoup de personnes traversent des difficultés au cours de leur vie, que ce soit au niveau de la santé physique ou mentale : ce n'est pas une honte, et chacun·e a le droit de demander et de bénéficier d'une aide adéquate.

2. L'espoir d'un rétablissement peut être incarné par des pair-aidant·e·s ou des patient·e·s partenaires, et cela peut tout changer à la qualité du parcours de soins, mais également à l'état d'esprit des patient·e·s.

3. La société colporte encore de nombreux jugements, notamment sur la santé mentale et les maladies invisibles. Il est nécessaire de sensibiliser pour lutter contre les stigmatisations. Trop de patient·e·s ne prennent pas leurs troubles au sérieux et se contentent d'une mauvaise qualité de vie à cause de cela.

4. Les rendez-vous médicaux ou paramédicaux peuvent être épuisants, drainants et parfois décevants. Toutefois, il est possible de s'y préparer, d'être accompagné·e, et de récupérer sa souveraineté pour ne plus s'y sentir soumis·e et impuissant·e.

5. Nous avons tous·toutes le droit d'être soigné·e·s dignement, dans le respect de nos droits, de notre consentement et de nos valeurs. En prendre conscience aide à ne pas se détourner d'un

parcours de soins lorsqu'un rendez-vous se passe mal : il est possible de faire valoir ses droits, et de prendre assez de recul pour continuer à faire confiance au milieu médical et à bénéficier de leurs techniques et de leurs connaissances pour notre rétablissement.

6. L'errance médicale est une épreuve physique, mais également psychologique : être accompagné·e pour soutenir sa santé mentale est très précieux dans ce genre de parcours.

7. Il est possible de dialoguer avec les soignant·e·s : aucune relation d'aide ne devrait être l'expression d'une domination. Le monde médical évolue et nous pouvons avoir l'espoir qu'un équilibre soit trouvé.

8. La médecine est fiable, car ses techniques et ses connaissances sont basées sur des consensus scientifiques. Les soignant·e·s sont faillibles, mais nous pouvons avoir confiance en la science (qui sait se remettre en question).

9. Voir un psy, ce n'est pas pour les fous. Il existe différents types de psychothérapie et il est grand temps de sortir du cliché du divan sur lequel on s'installe pour parler de sa mère. Les temps ont changé !

10. Un·e patient·e se rétablit plus facilement et durablement lorsqu'il·elle évolue dans un environnement sécure et fiable. Être aidant·e, ça s'apprend. Cela demande beaucoup de patience et d'amour, mais c'est quelque chose de précieux.

11. Une personne atteinte d'une maladie ou d'un trouble psychique est en droit de prendre des décisions. Elle est la seule capable de valider les étapes de son plan de rétablissement. Apprendre à s'écouter ne veut pas dire s'abandonner à son sort : c'est mettre l'écoute de soi au service de son rétablissement.

12. Il est parfois nécessaire de se protéger d'un contexte de vie compliqué ou d'une relation toxique pour se rétablir. Cela arrive bien plus souvent qu'on ne l'imagine et n'est en rien une réaction égoïste.

13. Apprendre à déléguer et à accepter de l'aide peut être une solution viable pour supporter la charge mentale de la maladie.

14. La traversée d'une maladie ou d'un trouble psychique fait évoluer la vision du monde, des relations, du rapport au corps, etc. Il est nécessaire de retrouver une identité propre pour se rétablir : accepter que l'on ait changé et se construire autour de ces évolutions. C'est par ce biais que la maladie ne devient pas une étiquette et que l'on se considère toujours comme un individu à part entière.

15. Les dérives sectaires existent dans le milieu du bien-être, des pratiques non conventionnées, mais aussi dans la santé. Connaître leurs rouages permet d'aiguiser son esprit critique pour pouvoir les éviter ou en sortir.

16. Une thérapie doit te faire aller mieux, et jamais l'inverse. Il est nécessaire de ne jamais croire quelqu'un qui justifie tes souffrances comme une évolution nécessaire, une étape à passer.

Je te souhaite beaucoup de courage, de force, de patience… mais surtout beaucoup d'espoir, de solidarité et d'amour dans ton parcours de soins. Tu mérites tout cela. Et parce que l'on peut avoir tendance à se diminuer lorsque l'on souffre, je voudrais te rappeler que ta vie a de la valeur et que tu as droit à une existence stable et douce où t'épanouir. Les projets, ce n'est pas que pour les gens valides. Il faut simplement les adapter ou en inventer d'autres pour avancer. Mais tu as pleinement le droit d'avancer !

MA RECO

Des Britanniques ont créé un outil d'autogestion personnel dans une démarche de rétablissement appelé « Taking Back Control ». L'association suisse Re-pairs en a proposé une traduction et elle a nommé ce projet ReViM : « Reprendre sa vie en main ». Des fichiers à télécharger sont mis gratuitement à disposition sur le site https://ateliers-rehab.ch/, ce sont des brochures formidablement efficaces ! À toi de créer ton plan de rétablissement maintenant…

UNE VOIE DU RÉTABLISSEMENT À TRACER ENSEMBLE

J'aimerais ajouter quelques mots qui me semblent importants : ce livre n'est pas un miracle. Il n'est pas non plus un médicament ni un traitement. Et ce qui est peut-être le plus frustrant, c'est qu'il n'est pas non plus un guide exhaustif de tout ce qu'il faudrait savoir pour traverser un parcours de soins en toute sérénité. Chaque histoire est différente et les subjectivités le sont aussi. Au travers d'un livre, je ne peux répondre aux besoins personnalisés de chaque lecteur·rice, car je ne connais pas ta situation individuelle. Concernant les dérives, certain·e·s trouveront mes mots de trop. Pour d'autres, je ne serai pas allée assez loin pour les protéger. J'ai fait de mon mieux, avec mon vécu et mes connaissances.

Ce livre est le fruit d'expériences personnelles, certes, mais ce n'est vraiment pas tout. Il contient aussi tout de ce que j'ai appris en rencontrant une multitude de profils de personnes malades ou rétablies. Aussi, il est enrichi de nombreuses formations, d'échanges soutenus avec des médecins, des psychologues, des aidant·e·s et évidemment des personnes concernées. Tout cela n'exclut pas le fait qu'il puisse y avoir des erreurs ou des conseils qui ne conviennent pas à tous·toutes.

Ce que j'aimerais que ce livre soit, c'est davantage une voie que j'ai aimé ouvrir. Cette voie, c'est celle d'une personne en souffrance qui ose demander de l'aide. Celle d'un·e patient·e qui sait qu'il·elle a des droits et apprend à être bien accompagné·e. Celle d'humains résilients qui ne se réduisent pas à leurs troubles, et qui n'y sont pas réduits par leur entourage. À toi, je te souhaite de continuer à vivre et de continuer à viser ton plein potentiel, celui qui te permet de te nourrir de joie et d'espoir en réalisant de beaux projets qui te rendent heureux·se.

Un parcours de soins, c'est un chemin que l'on ne connaît jamais à l'avance. Personne n'a le même, n'y suit les mêmes étapes, n'y découvre les mêmes conclusions, n'y fait les mêmes rencontres. Malgré tout, nous aurions tous·toutes envie d'un GPS qui saurait nous guider. Avec cet ouvrage, j'essaie de participer à son invention, mais le travail à faire reste grand. Toi aussi, avec ta propre voie de rétablissement, tu peux y contribuer. Tu as le pouvoir de lutter contre les stigmatisations des maladies psychiques ou invisibles en t'affirmant. Tu as la possibilité de participer au changement que l'on aimerait voir arriver dans ce monde en partageant toutes les astuces qui t'ont aidé·e, toutes les informations qui gagneraient encore à être connues.

N'oublie pas que t'aider toi-même, c'est également aider les autres : en ouvrant la voie du rétablissement, tu montres à tous·toutes ceux·celles qui te côtoient que c'est possible. Ensemble, on peut rebattre les cartes. Nous vivons dans un monde aux multiples ressources, et les difficultés que tu rencontres sont souvent bien plus systémiques qu'individuelles. C'est en se serrant les coudes que l'on peut t'offrir de la réassurance et du soutien. C'est en convoquant l'intelligence collective que l'on peut trouver des solutions. C'est en agissant ensemble que l'on peut accompagner l'individualité et les besoins spécifiques de chacun·e. Je crois profondément en cette inclusivité.

N'attends plus pour te soigner,

Marie Sélène

Remerciements

Merci à mon éditrice, Olivia, pour sa confiance renouvelée et de m'avoir donné l'opportunité d'écrire ce livre qu'il me tenait tant à cœur de voir publié.

Merci à Pauline d'avoir enrichi ce projet de retours pertinents et de l'avoir rendu meilleur.

Merci à Anne-Claire pour son travail éditorial et son soutien, tu es mon écrivaine aidante !

Merci à Yann de m'avoir aidée à déceler chaque ligne écrite où je pouvais me laisser emporter par des brins de colère qui peuvent encore me chatouiller quand il s'agit de parler des écueils du parcours de soins.

Merci à Bertrand Weber, psychologue, d'avoir accepté de relire ce livre, tel un chevalier des temps modernes. N'hésitez pas à visiter sa fantastique chaîne YouTube Nuances De Psy.

Merci à Séverine, à Laureen, à Loïc et à Mathilde d'avoir eux·elles aussi été là pour m'aiguiller sur mes questionnements liés à la psychologie et à l'esprit critique.

Merci à tous·toutes les soignant·e·s qui m'ont permis de me rétablir et m'ont fait oublier mes mauvaises expériences passées.

Enfin, un immense merci à mes proches, mes ami·e·s, ma famille et mon soleil de mari, Nicolas. Vous n'avez peut-être pas l'impression d'avoir fait grand-chose, mais sans vous tous·toutes, je ne sais pas où j'en serais. C'est en pensant à vous que j'ai trouvé le courage de sortir des dérives et de mener à bien mon rétablissement. Je vous aime fort comme la force, fort comme l'homme le plus fort du monde, fort comme je sais à quel point je suis forte maintenant.

J'en profite aussi pour dire merde à tous·toutes les soignant·e·s moisi·e·s que j'ai croisé·e·s, tous·toutes les ami·e·s pourri·e·s dont j'ai dû m'éloigner et tous·toutes les dérapeutes qui ont failli avoir ma peau. Vous n'avez rien gagné les gars, mais alors moi, qu'est-ce que je suis contente de vous avoir perdus !

Un dernier merci pour les personnes que j'accompagne jour après jour. Votre confiance me touche et je vois en chacun·e de vous le rayon d'un grand soleil, celui de l'espoir retrouvé.

Et pardon aux lecteur·rice·s à qui j'ai conseillé beaucoup trop de lectures. Je n'ai pas mon pareil pour remplir les bibliothèques.

hachette s'engage pour l'environnement en réduisant l'empreinte carbone de ses livres. Celle de cet exemplaire est de :
0,387 kg éq. CO_2
Rendez-vous sur
www.hachette-durable.fr

PAPIER À BASE DE FIBRES CERTIFIÉES

Mise en page : Maogani

Achevé d'imprimer par Rotativas, en Espagne
Pour le compte des Éditions Marabout (Hachette Livre)
58, rue Jean-Bleuzen, 92178 Vanves Cedex

Dépôt légal : septembre 2023
ISBN : 978-2-501-17638-5
6219354